[기적의 독서 논술] 샘플을 먼저 경험한 전국의 주인공들

강민준 공현욱 구민서 구본준 권다은 권민재 김가은 김규리 김도연 김서현 김성훈
김윤아 김은서 김정원 김태완 김현우 남혜인 노윤아 노혜욱 류수영 박선율 박세은
박은서 박재현 박주안 박채운 박채환 박현우 배건웅 서아영 손승우 신예나 심민규
심준우 양서정 오수빈 온하늘 원현정 유혜수 윤서연 윤호찬 이 솔 이준기 이준혁
이하연 이효정 장보경 전예찬 전헌재 정윤서 정지우 조연서 조영민 조은상 주하림
지예인 진하윤 천태희 최예린 최정연 추예은 허준석 홍주원 홍주혁

“
고맙습니다.
우리 친구들 덕분에 이 책을 잘 만들 수 있었습니다.
”

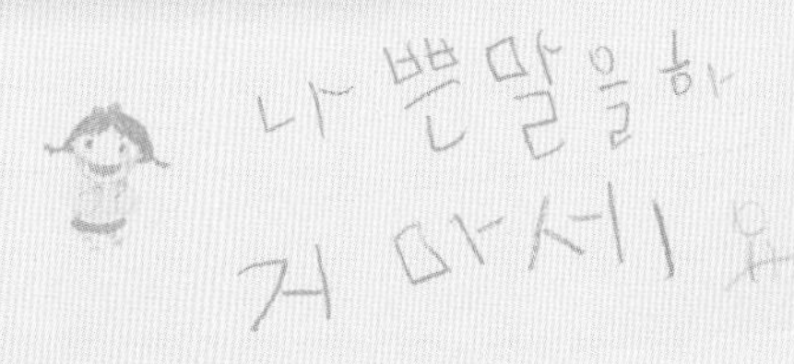

안녕? 난 **뚱**이라고 해. 2019살이야.

디자이너 비따쌤이 만들었는데, 길벗쌤이 날 딱 보더니 엉뚱한 생각을 많이 할 것 같다고

‘뚱’이란 이름을 지어 줬어. (뚱뚱해서 지은 거 아니야! 화났뚱) 나는 이 책에 가끔 나와.

새싹뚱, 글자뚱, 읽는뚱, 쓰는뚱, 생각뚱, 탐구뚱, 박사뚱, 말뚱, 놀뚱, 쉴뚱! (똥 아니야! 잘 봐~)

너희들 읽기도 쓰기도 하는 둥 마는 둥 할까 봐 내가 아주 걱정이 많아. 그래서 살짝뚱 도와줄 거야.

같이 해 보자고!! 뚱뚱~~

아이가 주인공인 책

아이는 스스로 생각하고 매일 성장합니다.
부모가 아이를 존중하고 그 가능성을 믿을 때
새로운 문제들을 스스로 해결해 나갈 수 있습니다.

〈기적의 학습서〉는 아이가 주인공인 책입니다.
탄탄한 실력을 만드는 체계적인 학습법으로
아이의 공부 자신감을 높여 줍니다.

아이의 가능성과 꿈을 응원해 주세요.
아이가 주인공인 분위기를 만들어 주고,
작은 노력과 땀방울에 큰 박수를 보내 주세요.
〈기적의 학습서〉가 자녀 교육에 힘이 되겠습니다.

조심조심 착은히 동
해야 된다.

숙제가 하기 싫었는데 매미소리덕
한결 기분이 좋아졌다

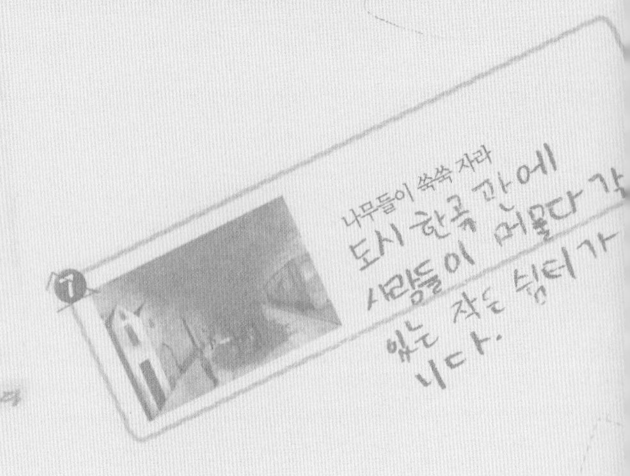

다섯친구들은 아주 용감하
다. 다섯친구들
너무 좋다.

어이없이 소원을 빌었으니
이제 나무를 잘 패세요.

그 다섯명이
쎈줄도 모르고
덤벼서 너무 아
프고 억울해
또 만나면 혼
내줄거야
호랑이

언제	새벽 5시에
어디에서	집에서
누구와	나와
무슨 일	더워서 새벽5시에 일어났다

초등 문해력, 쓰기로 완성한다!

기적의 독서논술

길벗스쿨

기적의 독서 논술 9권 초등 5학년

초판 1쇄 발행 2020년 2월 2일
개정 1쇄 발행 2024년 4월 11일

지은이 기적학습연구소
발행인 이종원
발행처 길벗스쿨
출판사 등록일 2006년 6월 16일
주소 서울시 마포구 월드컵로 10길 56(서교동 467-9)
대표 전화 02)332-0931 | **팩스** 02)323-0586
홈페이지 www.gilbutschool.co.kr | **이메일** gilbut@gilbut.co.kr

기획 신경아(skalion@gilbut.co.kr) | **책임 편집** 박은숙, 유명희, 이은정
제작 이준호, 손일순, 이진혁 | **영업마케팅** 문세연, 박선경, 박다슬 | **웹마케팅** 박달님, 이재윤, 나혜연
영업관리 김명자, 정경화 | **독자지원** 윤정아

디자인 디자인비따 | **전산편집** 디그린, 린 기획
편집 진행 이은정 | **교정 교열** 백영주
표지 일러스트 이승정 | **본문 일러스트** 이주연, 루인, 조수희, 백정석, 김지아
CTP출력 및 인쇄 교보피앤비 | **제본** 경문제책

ISBN 979-11-6406-687-2 64710
(길벗스쿨 도서번호 10947)
정가 13,000원

머리말

'읽다'라는 동사에는 명령형이 먹혀들지 않는다.
이를테면 '사랑하다'라든가 '꿈꾸다' 같은 동사처럼,
'읽다'는 명령형으로 쓰면 거부 반응을 일으키는 것이다. 물론 줄기차게 시도해 볼 수는 있다.
"사랑해라!", "꿈을 가져라."라든가, "책 좀 읽어라, 제발!", "너, 이 자식, 책 읽으라고 했잖아!"라고.
효과는? 전혀 없다.

-『다니엘 페나크, 〈소설처럼〉 중에서』

이 책을 기획하면서 읽었던 많은 독서 교육 관련 책 중에 가장 기억에 남는 구절이었습니다. 볼거리와 놀거리가 차고 넘치는 세상에서 아이들에게 그럼에도 불구하고 '독서가 답이야.'라고 말해 주고 싶어서 이 책을 기획했습니다. 그래서 어떻게 하면 '독서(읽다)와 논술(쓰다)'이라는 말이 명령형처럼 들리지 않을까 고민했습니다. '혼자서도 할 수 있어.'에서 '같이 해 보자.'로 방법을 바꿔 제안합니다.

독서도 연산처럼 훈련이 필요한 학습입니다. 글자를 뗀 이후부터 혼자서 책을 척척 찾아 읽고, 독서 감상문도 줄줄 잘 쓰는 친구가 있을까요? 처음에는 쉽지 않습니다. 초보 독서에서 벗어나 능숙한 독서가로 성장하기 위해서는 무릎 학교 선생님(부모님)의 도움이 필요합니다. 가랑비에 옷 젖듯, 매일 조금씩 천천히 함께 책 읽는 시간을 가져 보세요. 그리고 읽은 것에 대해 이런저런 대화를 나누어 보세요. 함께 책을 읽는 연습이 되어야 생각하는 힘이 생기고, 자기 생각을 표현하는 방법도 깨우치게 됩니다.

아이가 잘 읽고 있다고 생각할 수 있지만, 내용을 금방 파악하기 어려울 수 있습니다. 이럴 때 부모님께서 함께 글의 내용을 떠올려 봐 주시고, 생각의 물꼬를 터 주신다면 아이들은 쉽게 글 속으로 빠져들게 될 것입니다.

생각을 표현하는 것 또한 녹록지 않을 수 있습니다. 처음부터 완벽한 문장으로 쓰기를 기대하지 마세요. 읽는 것만큼 쓰는 것도 자주 해 봐야 늡니다. 쓰기를 특히 어려워한다면 말로 표현해 보라고 먼저 권유해 주세요. 한 주에 한 편씩 읽고 쓰고 대화하는 동안에 공감 능력과 이해력이 생기고, 생각하고 표현하는 능력이 향상될 것입니다.

초등 공부는 읽기로 시작해서 쓰기로 완성됩니다. 지금 이 책이 그 효과적인 독서 교육 방법을 제안합니다. 이 책을 선택하신 무릎 학교 선생님, 우리 아이에게 딱 맞는 독서 교육가가 되어 주십시오. 아이와 함께 할 때 효과는 배가 될 것입니다.

2020. 2
기적학습연구소 일동

어떤 책인가요?

〈기적의 독서 논술〉은 매주 한 편씩 깊이 있게 글을 읽고 생각을 쓰면서 사고력을 키우는 초등 학년별 독서 논술 프로그램입니다.

눈에만 담는 독서에서 벗어나, 읽고 떠오르는 생각과 감정을 밖으로 표현해 보세요. 매주 새로운 글을 통해 생각 훈련을 하다 보면, 어휘력과 독해력은 물론 표현력까지 기를 수 있습니다. 예비 초등을 시작으로 학년별 2권씩, 총 14권으로 구성되어 있습니다.

* 초등 고학년(5~6학년)을 대상으로 한 〈기적의 역사 논술〉도 함께 출시되어 있습니다. 〈기적의 역사 논술〉은 매주 한 편씩 한국사 스토리를 통해 역사적 맥락을 이해하고, 그 의미를 파악하며 생각을 써 보는 통합 사고력 프로그램입니다.

1 학년(연령)별 구성

학년별 2권 구성

한 학기에 한 권씩 독서 논술을 테마로 학습 계획을 짜 보는 것은 어떨까요?

독서 프로그램 차등 설계

읽기 역량을 고려하여 본문의 구성도 차등 적용하였습니다.

예비 초등과 초등 1학년은 짧은 글을 중심으로 장면별로 끊어 읽는 독서법을 채택하였습니다. 초등 2~4학년은 한 편의 글을 앞뒤로 나누어 읽도록 하였고, 초등 5~6학년은 한 편의 글을 끊지 않고 쭉 이어서 읽도록 하였습니다. 글을 읽은 뒤에는 글의 내용을 확인 정리하면서 생각을 펼칠 수 있도록 설계하였습니다.

선택 팁 단계별(학년별)로 읽기 분량이나 서술 · 논술형 문제에 난이도 차가 있습니다. 아이 학년에 맞게 책을 선택하시되 첫 주의 내용을 보시고 너무 어렵겠다 싶으시면 전 단계를, 이 정도면 수월하겠다 싶으시면 다음 권을 선택하셔서 학습하시길 추천드립니다.

2 읽기 역량을 고려한 다채로운 읽기물 선정 (커리큘럼 소개)

권	주	읽기물	주제	장르	비고	특강
3	1	당신이 하는 일은 모두 옳아요	믿음	명작 동화	인문, 사회	부탁하는 글 편지
	2	바깥 활동 안전 수첩	안전 수칙	설명문	사회, 안전	
	3	이르기 대장 나최고	이해, 나쁜 습관	창작 동화	인문, 사회	
	4	우리 땅 곤충 관찰기	여름에 만나는 곤충	관찰 기록문	과학, 기술	
4	1	고제는 알고 있다	친구 이해	창작 동화	인문, 사회	책을 소개하는 글 관찰 기록문
	2	여성을 위한 변호사 이태영	위인, 남녀평등	전기문	사회, 문화	
	3	염색약이냐 연필깎이냐, 그것이 문제로다!	현명한 선택	경제 동화	사회, 경제	
	4	내 직업은 직업 발명가	직업 선택	지식 동화	사회, 기술	
5	1	지하 정원	성실함, 선행	창작 동화	사회, 철학	독서 감상문 제안하는 글
	2	내 친구가 사는 곳이 궁금해	대도시와 마을	지식 동화	사회, 지리	
	3	팥죽 호랑이와 일곱 녀석	배려와 공감	반전 동화	인문, 사회	
	4	수다쟁이 피피의 요란한 바다 여행	환경 보호, 미세 플라스틱 문제	지식 동화	과학, 환경	
6	1	여행	여행, 체험	동시	인문, 문화	설명문 시
	2	마녀의 빵	적절한 상황 판단	명작 동화	인문, 사회	
	3	숨바꼭질	자존감	창작 동화	사회, 문화	
	4	한반도의 동물을 구하라!	한반도의 멸종 동물들	설명문	과학, 환경	
7	1	작은 총알 하나	전쟁 반대, 평화	창작 동화	인문, 평화	기행문 논설문
	2	백제의 숨결, 무령왕릉	문화 유산 답사	기행문	역사, 문화	
	3	돌멩이 수프	공동체, 나눔	명작 동화	사회, 문화	
	4	우리 교실에 벼가 자라요	식물의 한살이	지식 동화	과학, 기술	
8	1	헬로! 두떡 마켓	북한 주민 정착	창작 동화	사회, 문화	기사문 연설문
	2	2005 스탠퍼드대학교 졸업식 연설문	끊임없는 도전 정신	연설문	과학, 기술	
	3	피부색으로 차별받지 않는 무지개 나라	편견과 차별	지식 동화	문화, 역사	
	4	양반전	위선과 무능 풍자	고전 소설	사회, 문화	
9	1	욕심꾸러기 거인	나눔과 베풂	명작 동화	인문, 사회	주제별 글쓰기
	2	구둣방 아저씨 외	작은 것에도 감사하는 마음	수필	사회, 기술	
	3	행복의 꽃	행복에 대한 고찰	소설	사회, 철학	
	4	세상에 이런 한자가	재미있는 한자	설명문	언어, 사회	
10	1	발명 이야기	라면과 밴드 반창고의 발명 과정	설명문	과학, 기술	주제별 글쓰기
	2	아버지의 생일 외	효심	수필	사회, 문화	
	3	임금님께 바치는 북학의	수레와 거름에 대한 생각	논설문	경제, 환경	
	4	어린이 찬미	어린이의 아름다움	수필	인문, 철학	
11	1	크리스마스 선물	진정한 사랑, 행복의 조건	소설	인문, 사회	주제별 글쓰기
	2	아는 것과 실천하는 것 외	정의, 희생, 인간 사랑	논설문	사회, 철학	
	3	사람을 대할 때 외	사람을 대하는 예절	논설문	사회, 문화	
	4	하늘에서 내려온 아이 외	생명 존중	수필	인문, 철학	
12	1	게으름 귀신을 보내는 글 외	게으름에 대한 고찰	고전 수필	철학, 문화	주제별 글쓰기
	2	모나리자	「모나리자」	설명문	예술, 과학	
	3	갓	갓에 대한 고찰	고전 수필	사회, 역사	
	4	동백꽃	산골 젊은 남녀의 순수한 사랑	소설	인문, 사회	

3 어휘력 + 독해력 + 표현력을 한번에 잡는 3단계 독서 프로그램

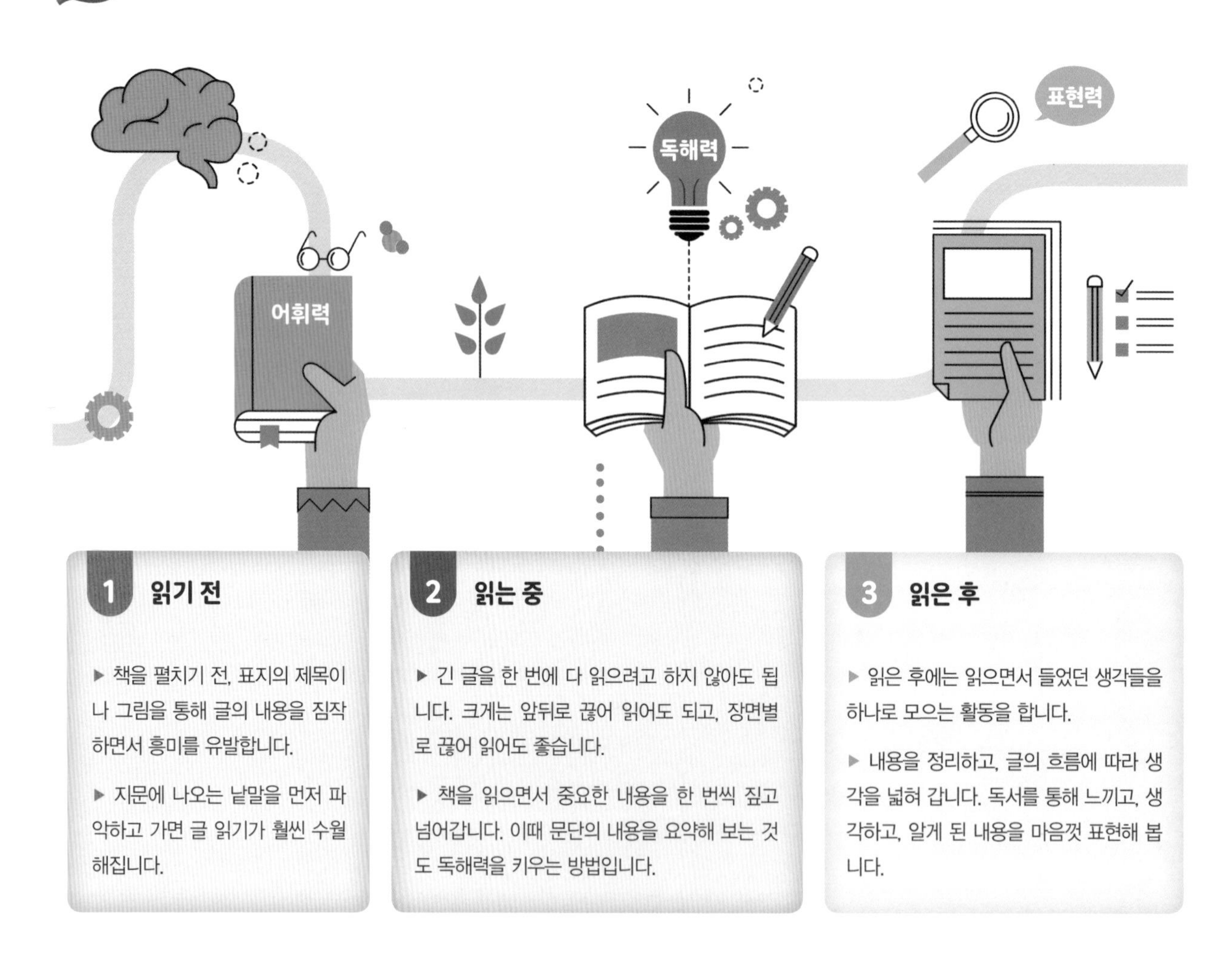

예비 초등 ~ 1학년의 독서법

읽기 능력을 살리는 '장면별 끊어 읽기'

창작/전래/이솝 우화 등 짧지만 아이들의 감성을 자극하고 공감을 끌어낼 수 있는 이야기글을 수록하였습니다. 어린 연령일수록 읽기에 대한 거부감을 줄이고, 독서에 대한 재미를 더합니다.

2학년 이상의 독서법

사고력과 비판력을 키우는 '깊이 읽기'

동화뿐 아니라 시, 전기문, 기행문, 설명문, 연설문, 고전 등 다양한 갈래를 다루고 있습니다. 읽기 능력 신장을 위해 저학년에 비해 긴 글을 앞뒤로 나누어 읽거나 끊지 않고 한 번에 쭉 이어서 읽어 봅니다. 흥미로운 주제와 시공간을 넘나드는 폭넓은 소재로 아이들의 생각을 펼칠 수 있게 하였습니다.

4 사고력 확장을 위한 서술·논술형 문제 출제

초등학생에게 논술은 '생각 쓰기 연습'에 해당합니다.

교육 평가 과정이 객관식에서 주관식 평가로 점차 변화하고 있습니다. 학교에서는 지필고사를 대신한 수행평가가 수시로 이루어지고 있습니다. 정오답을 찾는 단선적인 객관식보다 사고력을 평가할 수 있는 주관식의 비율이 높아지고, 국어뿐 아니라 수학, 사회, 과학 등 서술형 평가가 확대되고 있습니다. 이런 평가를 대비하여 글을 읽고, 생각을 표현하는 방법을 다각도로 훈련할 수 있도록 구성하였습니다.

이 책에서 출제된 서술·논술형 문제 유형은 다음과 같습니다.

"만약에 나라면 어떻게 했을지 쓰세요." 균형, 비판

"왜 그런 행동(말)을 했을지 쓰세요." 공감, 논리

"다음과 같은 상황에 처했을 때 주인공은 어떻게 했을지 쓰세요." 창의, 비판

"등장인물에게 나는 어떤 말을 해 주고 싶은지 쓰세요." 공감, 균형

"A와 B의 비슷한(다른) 점은 무엇인지 쓰세요." 논리, 비판

글을 읽을 때 생각이 자라지만, 생각한 바를 표현할 때에도 사고력은 더 확장됩니다. 꼼꼼하게 읽고, 중간중간 내용을 확인한 후에 전체적으로 읽은 내용을 정리해 봄으로써 생각을 다듬고 넓혀 갈 수 있습니다. 한 편의 글을 통해 주인공의 입장이 되어 보기도 하고, '나라면 어땠을까?'를 생각해 보는 연습이 논술에 해당합니다. 하나의 주제를 담고 있는 글을 읽고 내용의 옳고 그름을 판단하기도 하고, 글의 전체적인 맥락을 파악함으로써 논리적이고 비판적인 사고를 할 수 있습니다.

지도팁 장문의 글을 써야 하는 논술 문제는 없지만, 자신의 생각을 마음껏 표현할 수 있게 유도해 주세요. 글로 바로 쓰는 게 어렵다면 말로 표현해 볼 수 있도록 지도해 주시기 바랍니다. 말로 표현한 것을 문장으로 다듬어 쓰다 보면, 생각한 것이 어느 정도 정리됩니다. 여러 번 연습한 후에 논리가 생기고, 표현력 또한 자라게 될 것입니다. 다소 엉뚱한 대답일지라도 나름의 논리와 생각의 과정이 건강하다면 칭찬을 아끼지 마십시오.

이렇게 활용하면 좋아요!

5학년을 위한 9권 / 10권

5학년이면 이제 글줄이 많은 글을 끊지 않고 읽을 수 있어야 합니다. 이야기책뿐만 아니라 다양한 정보를 제공하고 다양한 생각을 할 수 있게 하는 비문학 글을 많이 읽는 것이 좋습니다.

관심 있는 주제의 이야기를 읽은 후에는 관련 도서를 더 찾아보는 것을 추천합니다.

공부 계획 세우기

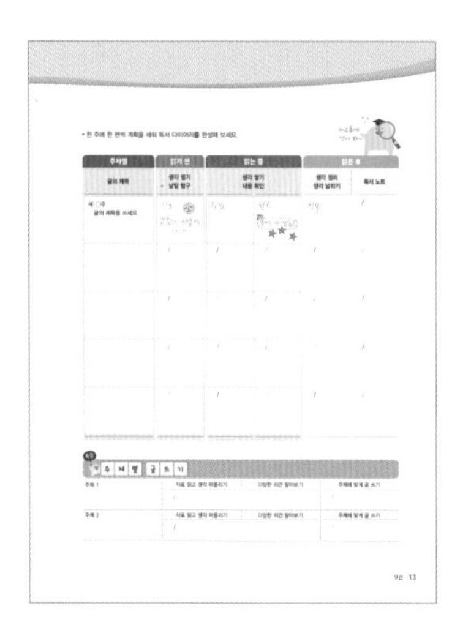

13쪽

권별 전체 학습 계획

주차 학습 시작 페이지

주별 학습 확인

한 주에 한 편씩, 5일차 학습 설계

학습자의 읽기 역량에 따라 하루에 1~2일차를 이어서 할 수도 있고, 1일차씩 끊어서 학습할 수도 있습니다. 계획한 대로 학습이 이루어졌는지 자기 점검을 꼭 해 보세요.

학년별 특강 [주제별 글쓰기]

일상생활에서 한 번쯤 생각해 봐야 하는 주제나 철학적인 질문을 제시합니다.
주어진 주제와 관련된 몇 가지 자료를 읽어 보고, 중요한 내용을 요약 · 정리해 봅니다.
마지막으로 주제에 관한 나의 생각을 정하여 한 편의 글을 완성함으로써 논리력과 글쓰기 실력을 강화할 수 있습니다.

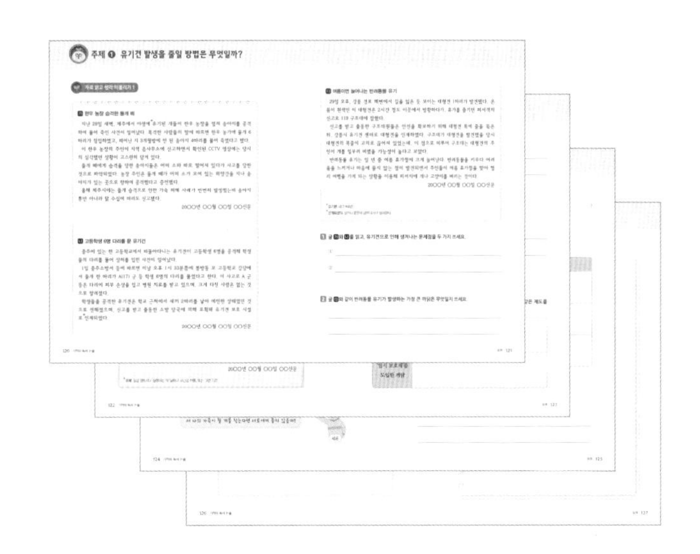

지도팁 쓰기에 취약한 친구들은 단계적으로 순서를 밟아 쓸 수 있도록 해 주세요.

온라인 제공 [독서 노트]

길벗스쿨 홈페이지(www.gilbutschool.co.kr) 자료실에서 독서 노트를 내려받아 활용할 수 있습니다. 책을 읽고 느낀 점이나 인상 깊었던 점을 간략하게 쓰거나 그리고, 재미있었는지도 스스로 평가해 봅니다. 이 책에 제시된 글뿐만 아니라 추가로 읽은 책에 대한 독서 기록을 남길 수도 있습니다.

▶길벗스쿨 홈페이지
독서 노트 내려받기

매일 조금씩 책 읽는 습관이
아이의 사고력을 키웁니다.

3단계 독서 프로그램

① 읽기 전

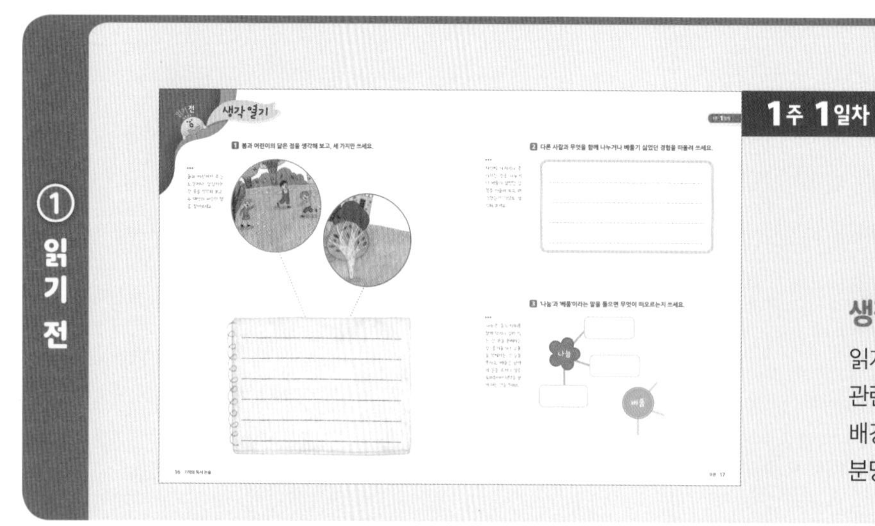

1주 1일차

생각 열기

읽게 될 글의 그림이나 제목과 관련지어서 내용을 미리 짐작해 본다거나 배경지식을 떠올리면서 읽는 목적을 분명히 하는 활동입니다.

② 읽는 중

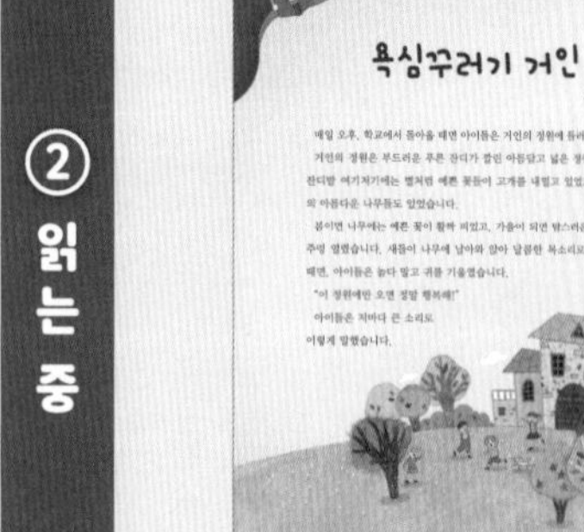

1주 2일차

생각 쌓기

학습자의 읽기 역량에 따라 긴 글을 전후로 크게 나누어 읽거나 끊지 않고 쭉 이어서 읽어 봅니다.

한줄 톡! 은 읽은 글의 내용을 한 문장으로 요약해 보는 활동입니다.

③ 읽은 후

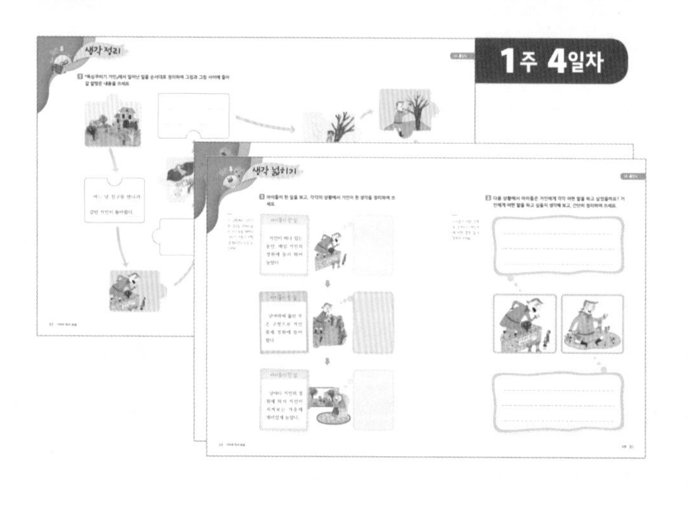

1주 4일차

생각 정리

글의 내용을 한눈에 정리해 보는 활동입니다. 장면을 이야기의 흐름대로 정리해 볼 수도 있고, 주요 내용을 채워서 이야기의 흐름을 완성할 수도 있습니다.

생각 넓히기

다양한 사고력을 필요로 하는 서술·논술형 문제들입니다. 글을 읽고 생각한 바를 다양한 방법으로 표현해 볼 수 있습니다.

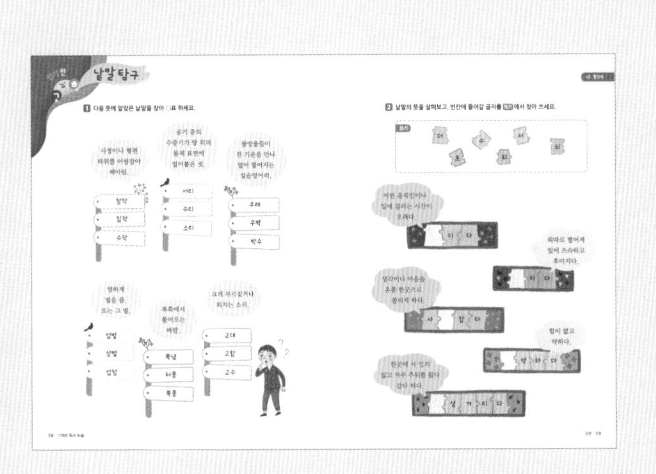

어휘력 쑥쑥!

낱말 탐구

글에 나오는 주요 어휘를 미리 공부하면서 읽기를 조금 더 수월하게 이끌어 갑니다. 뜻을 모를 때에는 가이드북을 참고하세요.

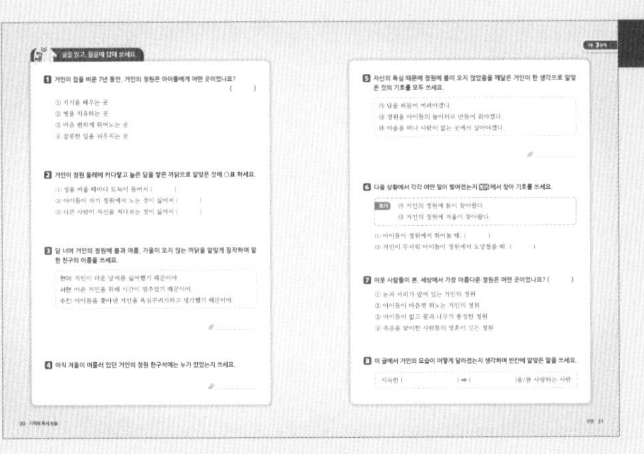

1주 3일차

독해력 척척!

내용 확인 (독해)

가장 핵심적인 독해 문제만 실었습니다. 글을 꼼꼼하게 읽었는지 확인할 수 있습니다.

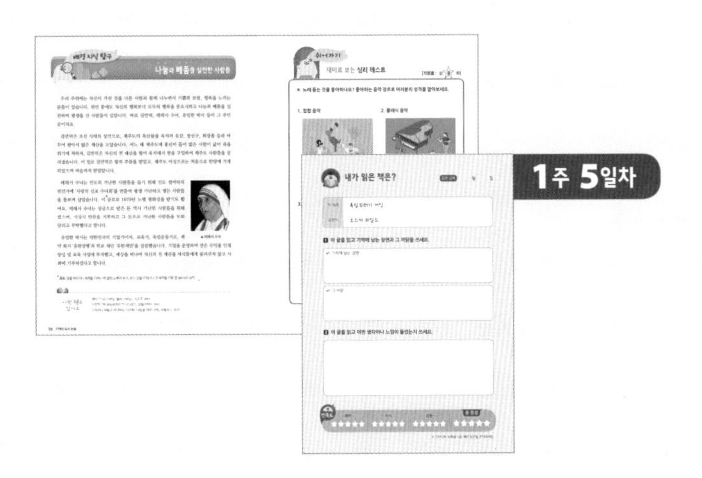

표현력 뿜뿜!

배경지식 탐구 / 쉬어가기

읽은 글의 내용과 관련된 배경지식을 담았습니다. 주제와 연관된 추천 도서도 살펴볼 수 있습니다. 잠깐 쉬면서 머리를 식히는 코너도 마련했습니다.

독서 노트

읽은 책에 대한 감상평을 남겨 보세요. 별점을 매기며 종합적으로 평가해 보는 것도 좋습니다.

차례 보고 만드는 독서 다이어리

차례

* 한 주에 한 편씩 계획을 세워 독서 다이어리를 완성해 보세요.

주차별	읽기 전	읽는 중		읽은 후	
글의 제목	생각 열기 낱말 탐구	생각 쌓기 내용 확인		생각 정리 생각 넓히기	독서 노트
예 ○주 글의 제목을 쓰세요.	3/3 낱말이 어렵다 ㅠ-ㅠ	3/5	3/6 문제 다 맞음!	3/7	/
	/	/	/	/	/
	/	/	/	/	/
	/	/	/	/	/
	/	/	/	/	/

특강 주제별 글쓰기

	자료 읽고 생각 떠올리기	다양한 의견 알아보기	주제에 맞게 글 쓰기
주제 1	/		/
주제 2	자료 읽고 생각 떠올리기	다양한 의견 알아보기	주제에 맞게 글 쓰기
	/		/

명작 동화 인문, 사회

독서논술계획표

▶ 다음 단계에 맞게 공부한 날짜를 쓰세요.

읽기 전

생각 열기 월 일

낱말 탐구 월 일

읽는 중

생각 쌓기 월 일

내용 확인 월 일

읽은 후

생각 정리 월 일

생각 넓히기 월 일

독서 노트 월 일

욕심꾸러기 거인

오스카 와일드

※ 오스카 와일드는 아일랜드의 시인이자 소설가, 극작가입니다. 대표작으로 『행복한 왕자』, 『도리언 그레이의 초상』 등이 있습니다.

읽기 전

생각 열기

1 봄과 어린이의 닮은 점을 생각해 보고, 세 가지만 쓰세요.

•••
봄과 어린이가 주는 느낌이나 상징하는 것 등을 생각해 보고, 두 대상의 비슷한 점을 찾아보세요.

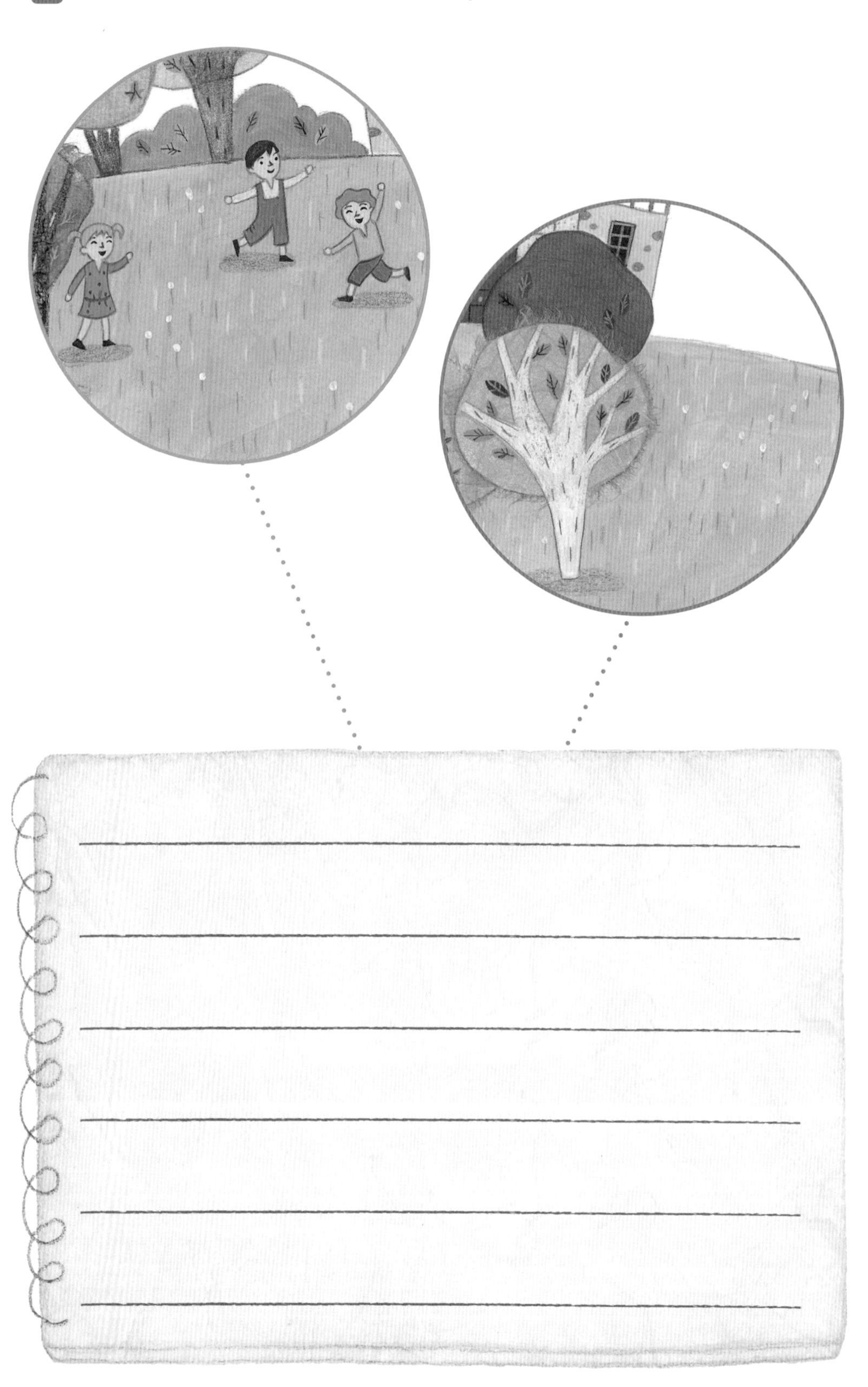

2 다른 사람과 무엇을 함께 나누거나 베풀기 싫었던 경험을 떠올려 쓰세요.

자신이 아끼거나 좋아하는 것을 나누거나 베풀기 싫었던 경험을 떠올려 보고, 왜 그랬는지 까닭도 생각해 보세요.

3 '나눔'과 '베풂'이라는 말을 들으면 무엇이 떠오르는지 쓰세요.

'나눔'은 음식 따위를 함께 먹거나 갈라 먹는 것, 몫을 분배하는 것, 즐거움이나 고통을 함께하는 것 등을 뜻하고, '베풂'은 남에게 돈을 주거나 일을 도와주어서 혜택을 받게 하는 것을 뜻해요.

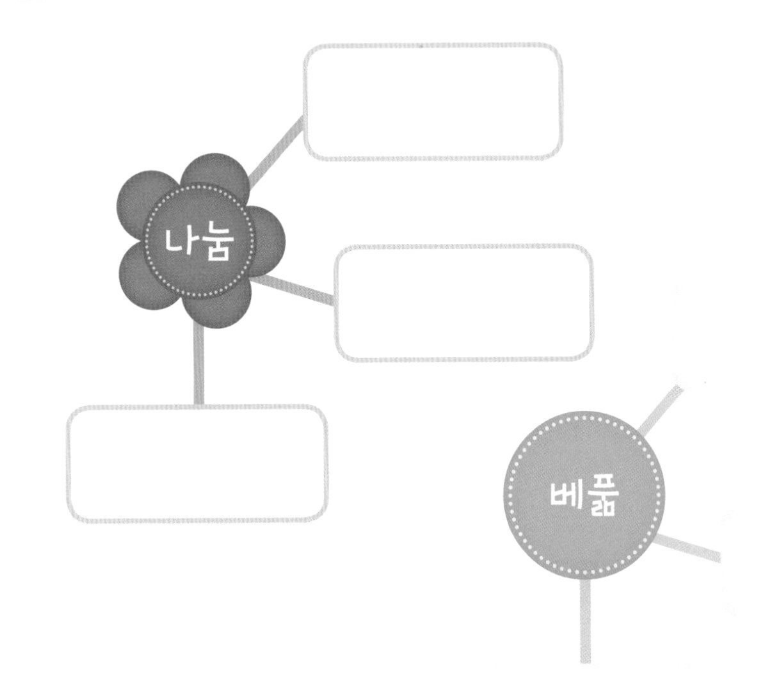

읽기 전

낱말 탐구

1 다음 뜻에 알맞은 낱말을 찾아 ○표 하세요.

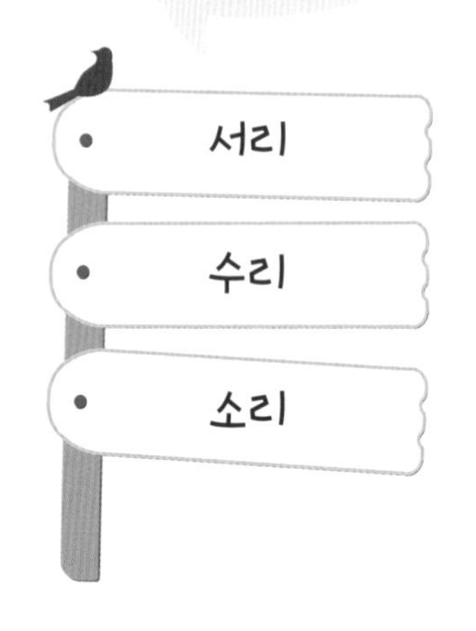

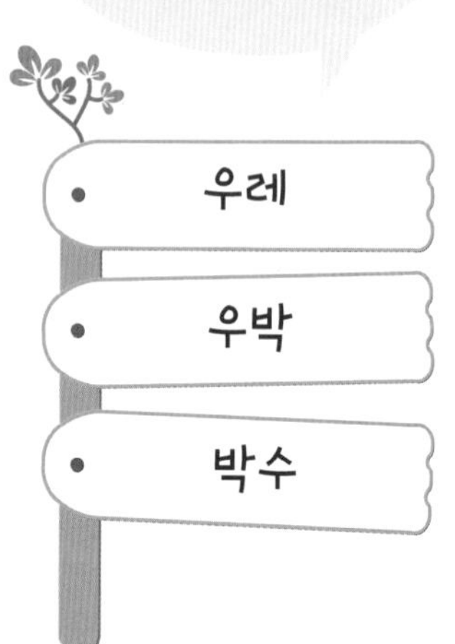

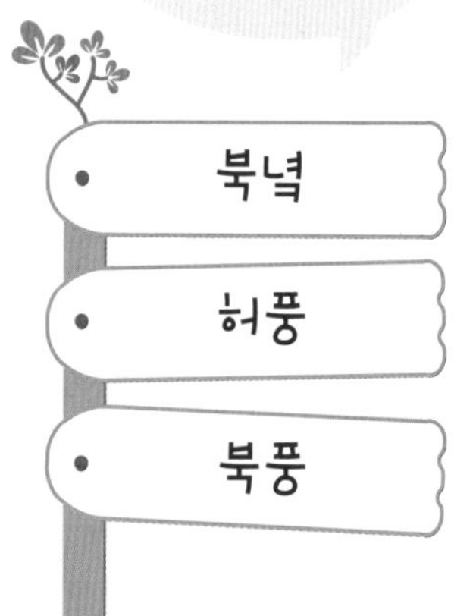

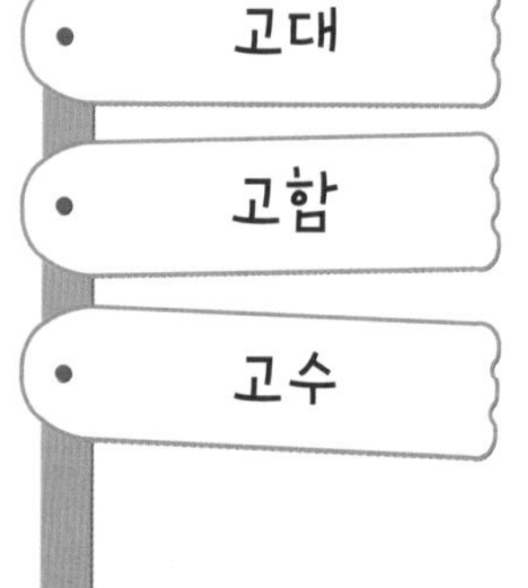

2 낱말의 뜻을 살펴보고, 빈칸에 들어갈 글자를 보기 에서 찾아 쓰세요.

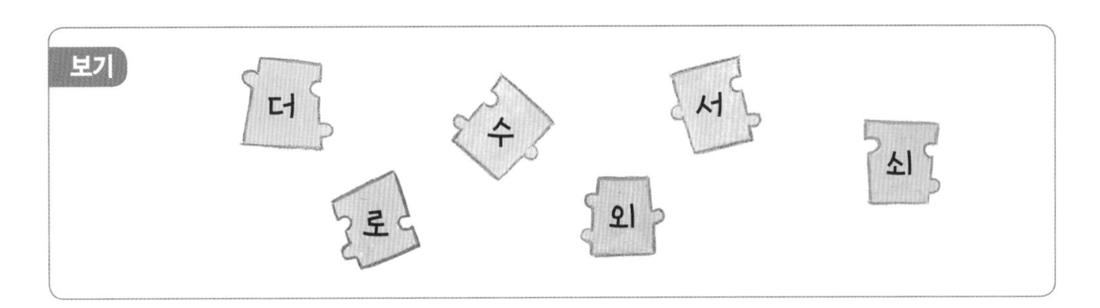

어떤 움직임이나 일에 걸리는 시간이 오래다.

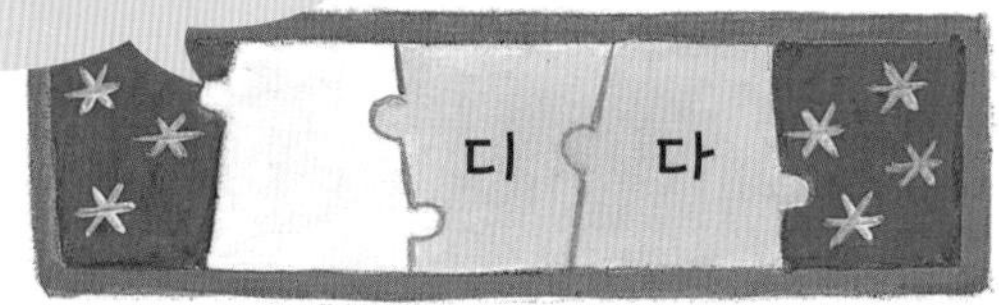

외따로 떨어져 있어 으슥하고 후미지다.

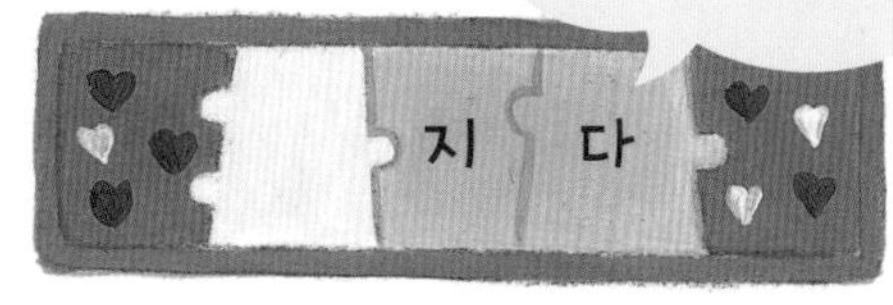

생각이나 마음을 온통 한곳으로 쏠리게 하다.

힘이 없고 약하다.

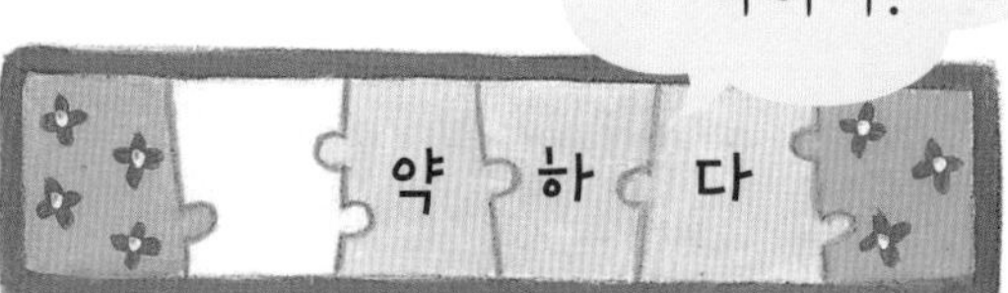

한곳에 서 있지 않고 자꾸 주위를 왔다 갔다 하다.

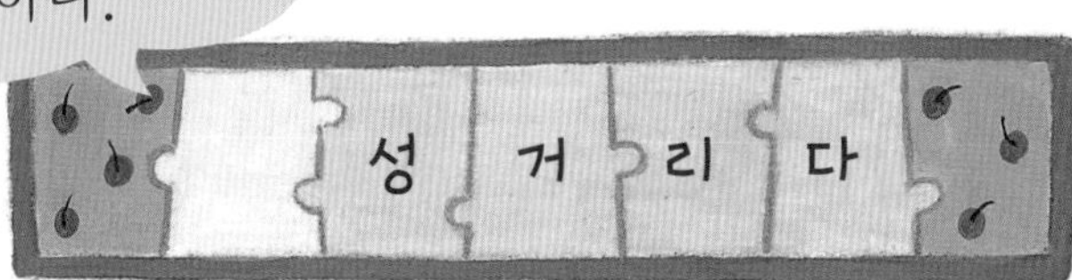

생각 쌓기

거인의 아름다운 정원이 어떻게 변해가는지 생각하며 다음 글을 읽어 보세요.

욕심꾸러기 거인

오스카 와일드

매일 오후, 학교에서 돌아올 때면 아이들은 거인의 정원에 들러 놀았습니다.

거인의 정원은 부드러운 푸른 잔디가 깔린 아름답고 넓은 정원이었습니다. 잔디밭 여기저기에는 별처럼 예쁜 꽃들이 고개를 내밀고 있었고, 여러 그루의 아름다운 나무들도 있었습니다.

봄이면 나무에는 예쁜 꽃이 활짝 피었고, 가을이 되면 탐스러운 열매가 주렁주렁 열렸습니다. 새들이 나무에 날아와 앉아 달콤한 목소리로 노래를 부를 때면, 아이들은 놀다 말고 귀를 기울였습니다.

"이 정원에만 오면 정말 행복해!"

아이들은 저마다 큰 소리로 이렇게 말했습니다.

그러던 어느 날, 거인이 돌아왔습니다. 거인은 콘웰에 사는 친구를 만나러 가서는 7년 동안 머물러 있다가 돌아온 것이었습니다. 거인이 성에 돌아와 보니, 아이들이 자기 정원에서 뛰어놀고 있었습니다.

거인은 사나운 목소리로 고함을 질렀습니다.

"이 정원은 내 것이야. 주인이 나라는 것은 다 알 거야. 앞으로는 내 정원에 얼씬도 하지 마!"

거인은 이렇게 말하고는 정원 둘레에 커다랗고 높은 담을 쌓았습니다. 그러고는 이런 경고문을 써 붙여 놓았습니다.

허락 없이 들어오면 엄벌에 처함!

거인은 지독한 욕심꾸러기였던 것입니다.

놀이터를 잃어버린 아이들은 길바닥에서 놀 수밖에 없었습니다. 하지만 길바닥은 먼지투성이였고 뾰족한 돌멩이까지 잔뜩 박혀 있어서 거인의 정원만 못했습니다.

학교에서 돌아오던 아이들은 높다란 담 주위를 서성거렸습니다.

"저기에서 놀 때가 정말 재미있었는데……"

아이들은 이렇게 담 너머 정원에 대해 이야기했습니다.

한줄톡! 거인은 자신의 ❶ ____________ 에서 아이들이 놀지 못하게 했습니다.

봄이 되었습니다. 온 들에 작은 새들이 날아와 지저귀고 예쁜 꽃들이 피어났습니다. 하지만 거인의 정원에는 겨울이 물러가지 않고 웅크리고 있었습니다.

아이들이 놀러 오지 않아서 새들도 날아와 지저귈 생각을 하지 않았습니다. 나무들도 꽃을 피워야 한다는 것을 잊고 있었습니다.

딱 한 번, 예쁜 꽃 한 송이가 잔디 사이로 고개를 내밀었습니다. 그러나 거인이 써 붙인 경고문을 보고 아이들이 가여웠던지 다시 고개를 움츠리고는 땅속으로 들어가 겨울잠에 빠져 버렸습니다.

겨울이 물러가지 않는 정원을 좋아하는 것은 오로지 눈과 서리뿐이었습니다.

"봄이 이 정원을 잊어버렸나 봐. 야, 여기서는 일 년 내내 살 수 있겠어!"

눈과 서리는 좋아라 소리쳤습니다.

눈은 커다랗고 하얀 망토를 펼쳐서 잔디를 덮었고, 서리는 나무들을 온통 은빛으로 색칠했습니다. 그리고 차가운 북풍에게 정원으로 놀러 오라고 불렀습니다. 북풍도 거인의 정원에 왔습니다. 북풍은 털옷으로 몸을 감싼 채, 온종일 윙윙거리며 정원을 돌아다니다가 결국은 세찬 바람으로 굴뚝을 쓰러뜨리고 말았습니다.

"히히, 정말 멋진 곳이야. 우박에게도 이리 오라고 해야겠어."

북풍이 이렇게 말하자 우박이 찾아왔습니다.

우박은 날마다 세 시간씩 요란한 소리를 내며 거인의 성 위로 쏟아졌습니다. 거인의 성 지붕에 있던 기왓장들이 거의 다 깨지고 말았습니다. 그런 뒤에도 있는 힘을 다해 정원 구석구석을 휘젓고 다녔습니다. 회색 옷을 입은 우박이 내쉬는 숨결은 차가운 얼음 같았습니다.

"도대체 봄이 왜 이렇게 더디 오는지 모르겠네."

거인은 창가에 앉아 우박과 흰 눈으로 덮인 정원을 내려다보며 말했습니다.

"어서 따뜻한 봄날이 왔으면 좋겠는데……."

그러나 봄은 오지 않았습니다. 여름도 오지 않았습니다. 가을이 와서 집집마다 정원에 황금빛 과일들이 주렁주렁 열렸지만, 거인의 정원에 있는 나무들은 열매를 맺지 않았습니다.

"저 거인은 아주 욕심꾸러기야."

가을이 이렇게 말했습니다.

북풍과 우박과 서리와 눈이 나무 사이를 돌아다니기만 할 뿐이었습니다. 그래서 거인의 정원은 언제나 겨울이었습니다.

그러던 어느 날 아침이었습니다. 거인은 잠에서 깨어 침대에 누워 있었습니다. 그런데 어디선가 아름다운 음악 소리가 들려왔습니다. 그 소리가 하도 고와 거인은 틀림없이 왕의 ✦악사들이 지나가고 있는 것이라 짐작했습니다.

하지만 그것은 창가에서 작은 방울새가 지저귀는 소리였습니다.

자기 정원에서 새들이 지저귀는 소리를 듣는 것이 하도 오랜만의 일이라 방울새의 노래가 세상에서 가장 고운 음악으로 들렸던 것입니다.

한줄 톡! 아이들이 놀러 오지 않자, 거인의 정원에는 봄이 오지 않았고 언제나 ❷ __________ 이었습니다.

✦**악사:** 악기로 음악을 연주하는 사람.

그러자 지붕 위에서 춤추던 우박이 멈추고, 거세게 불던 북풍도 그쳤습니다. 그리고 열린 창으로 상큼한 향기가 흘러 들어왔습니다.

"오, 마침내 봄이 온 모양이야."

거인은 이렇게 중얼거리면서 침대에서 뛰어 내려와 밖을 내다보았습니다.

그런데 거인이 보게 된 것은 너무도 뜻밖의 광경이었습니다.

담벼락에 뚫린 작은 구멍으로 아이들이 기어 들어와 나뭇가지에 올라가 있는 것이 아니겠습니까? 눈에 보이는 나무마다 아이들이 한 명씩 올라가 앉아 있었습니다. 나무들은 아이들이 다시 돌아온 것이 너무 반가워서 꽃을 피울 준비를 하면서 아이들의 머리 위로 살랑살랑 가지를 흔들고 있었습니다. 새들도 즐거워 아이들 주위를 날아다니며 기쁜 듯 지저귀고 있었습니다. 꽃들도 푸른 잔디 사이로 얼굴을 내밀며 웃고 있었습니다.

거인의 마음을 사로잡는 참으로 아름다운 그림이었습니다. 그러나 정원의 한구석에는 아직도 겨울이 머물러 있었습니다. 정원에서 가장 외진 그곳에는 조그만 꼬마가 있었습니다. 키가 너무 작아서 나무에 올라가지 못하고 혼자서 나무 주위를 맴돌며 슬퍼하고 있었습니다.

그곳의 나무는 여전히 눈과 서리로 덮여 있었고, 북풍이 나무 꼭대기에서 윙윙 소리를 내며 불어 대고 있었습니다.

"꼬마야, 어서 올라와!"

이렇게 말하며 나무는 힘껏 가지를 아래로 구부려 주었습니다.

하지만 꼬마는 키가 너무 작아서 나무에 오를 수가 없었습니다. 이 모습을 바라보던 거인의 마음이 차츰 따스해졌습니다.

거인은 이렇게 중얼거렸습니다.

"아, 나는 지독한 욕심꾸러기였나 봐. 이제야 봄이 왜 이곳에 오지 않으려 했는지 알겠어. 저 가엾은 꼬마를 나무 위에 올려 주고 담을 허물어 버려야겠어. 아예 내 정원을 아이들의 놀이터로 만들어 줘야겠어."

거인은 아래층으로 내려와 아주 조심스럽게 현관문을 열고 정원으로 나갔습니다. 하지만 거인이 나온 것을 눈치챈 아이들은 깜짝 놀라며 모조리 허겁지겁 도망쳐 버렸습니다. 그러자 정원에는 또다시 겨울이 찾아왔습니다.

단지 키 작은 꼬마만 그곳에 남아 있었습니다. 거인은 꼬마가 눈치채지 못하게 가만히 다가가 꼬마를 안아 올려 나뭇가지 위에 앉혀 주었습니다.

거인이 침대에서 뛰어 내려와 밖을 내다보니 ❸ ______________ 이/가 거인의 정원으로 기어 들어와 나뭇가지에 올라가 있었습니다.

그 순간 나무는 금세 활짝 꽃을 피웠고, 새들은 날아들어 가지에 앉아 노래를 부르기 시작했습니다.

꼬마는 두 팔을 벌려 거인의 목을 꼭 껴안고 거인의 볼에 입을 맞추었습니다. 멀리서 지켜보던 아이들도 거인이 더는 무섭고 나쁜 사람이 아니라는 것을 알고는 정원으로 되돌아왔습니다. 아이들이 돌아오자 봄도 다시 찾아왔습니다.

"얘들아, 이제부터 여기는 너희의 정원이야."

거인은 이렇게 말하고는 커다란 도끼로 정원의 담을 헐어 버렸습니다. 점심 무렵, 시장으로 가던 이웃 사람들은 거인이 아이들과 어울려 뛰노는 것을 보게 되었고 세상에서 가장 아름다운 정원이라고 생각했습니다.

아이들은 하루 종일 거인의 정원에서 놀다가 저녁때가 되자 거인에게 작별 인사를 했습니다.

그러자 거인이 물었습니다.

"같이 놀던 꼬마는 어디로 갔니? 내가 나무 위에 올려 준 그 꼬마 말이야."

거인은 다른 아이들보다 자기 볼에 입 맞추어 주었던 그 꼬마가 가장 사랑스러웠던 것입니다.

아이들이 대답했습니다.

"몰라요, 그 애는 혼자 돌아가 버렸어요."

"그래? 그 꼬마에게 내일 꼭 놀러 오라고 전해 줘."

아이들의 대답에 거인이 다시 말했습니다.

그러나 아이들은 그 꼬마가 어디에 사는지도 모르고, 또 한 번도 본 적이 없다고 했습니다.

아이들의 대답에 거인은 몹시 서운했습니다.

매일 오후 학교가 끝나면 아이들은 거인의 정원에 와서 거인과 함께 재미있게 놀았습니다. 그러나 그 사랑스런 작은 꼬마의 모습은 다시 볼 수가 없었습니다. 거인은 정원을 찾아오는 모든 아이에게 아주 상냥하게 대해 주었습니다. 하지만 늘 맨 처음 사귄 꼬마 친구를 그리워하며 그 꼬마 이야기를 했습니다.

"그 꼬마 친구가 정말 보고 싶어!"

여러 해가 지났습니다. 이제 거인은 늙어서 몸이 쇠약해졌습니다. 더는 아이들과 함께 뛰놀 수 없게 된 거인은 커다란 안락의자에 앉아 아이들이 뛰노는 모습을 조용히 지켜보면서 이렇게 말했습니다.

"예쁜 꽃들이 참 많이도 피었네. 하지만 그 가운데에서도 가장 예쁜 꽃은 아이들이야."

한줄톡! 거인은 아이들이 뛰노는 모습을 보면서 아이들이 세상에서 가장 예쁜 ❹ ________ (이)라고 생각했습니다.

어느 겨울 아침이었습니다. 창밖을 내다보던 거인은 자기의 눈을 믿을 수가 없었습니다. 너무도 뜻밖의 광경을 보게 되었기 때문이었습니다. 거인은 눈을 비비고 다시 한 번 창밖을 내다보았습니다.

정원의 가장 외진 구석에 나무 한 그루가 예쁘고 하얀 꽃으로 뒤덮여 있었던 것입니다. 나뭇가지에는 은빛 과일들이 주렁주렁 매달려 있었습니다. 그리고 그 아래에는 거인이 그토록 그리워하던 그 꼬마 친구가 서 있었습니다.

거인은 너무나 기뻐서 곧장 정원으로 뛰어 내려갔습니다. 그런데 꼬마를 가까이에서 본 거인은 화가 치밀어 얼굴이 벌겋게 물들고 말았습니다.

"아니, 누가 너를 이렇게 만들었어?"

꼬마의 두 손바닥에는 못을 박았던 자국이 나 있었던 것입니다. 게다가 그 못 자국은 꼬마의 자그마한 발에도 나 있었습니다.

거인은 다시 버럭 소리를 질렀습니다.

"대체 어떤 녀석이 그랬어? 말해 봐. 내가 그 녀석을 아주 없애 버리고 말테다."

그러자 꼬마가 대답했습니다.

"아니요, 안 돼요! 이건 사랑의 상처예요."

거인은 꼬마를 물끄러미 내려다보다가 알 수 없는 두려움을 느꼈습니다.

거인이 물었습니다.

"도대체 너는 누구니?"

거인은 꼬마 앞에 무릎을 꿇었습니다.

꼬마는 빙그레 웃으며 말했습니다.

"지난번에 당신의 정원에서 놀게 해 주었지요? 오늘은 당신을 내 정원으로 데려갈게요. 그곳은 천국이랍니다."

그날 오후에도 아이들이 정원에 놀러 왔습니다. 정원을 찾은 아이들은 거인이 죽어 있는 것을 보게 되었습니다.

거인은 나무 아래 죽은 채 누워 있었습니다. 거인의 몸은 온통 하얀 꽃으로 뒤덮여 있었습니다.

꼬마는 거인에게 자신의 정원인 ❺ ______________(으)로 데려가겠다고 말했고, 거인의 정원을 찾은 아이들은 거인이 죽어 있는 것을 보게 되었습니다.

1 거인이 집을 비운 7년 동안, 거인의 정원은 아이들에게 어떤 곳이었나요? (　　　)

① 지식을 배우는 곳
② 병을 치유하는 곳
③ 마음 편하게 뛰어노는 곳
④ 잘못한 일을 뉘우치는 곳

2 거인이 정원 둘레에 커다랗고 높은 담을 쌓은 까닭으로 알맞은 것에 ○표 하세요.

(1) 성을 비울 때마다 도둑이 들어서 (　　　)
(2) 아이들이 자기 정원에서 노는 것이 싫어서 (　　　)
(3) 다른 사람이 자신을 쳐다보는 것이 싫어서 (　　　)

3 담 너머 거인의 정원에 봄과 여름, 가을이 오지 않는 까닭을 알맞게 짐작하여 말한 친구의 이름을 쓰세요.

현아: 거인이 더운 날씨를 싫어했기 때문이야.
서현: 아픈 거인을 위해 시간이 멈추었기 때문이야.
수진: 아이들을 쫓아낸 거인을 욕심꾸러기라고 생각했기 때문이야.

✎ ____________

4 아직 겨울이 머물러 있던 거인의 정원 한구석에는 누가 있었는지 쓰세요.

✎ ____________

5 자신의 욕심 때문에 정원에 봄이 오지 않았음을 깨달은 거인이 한 생각으로 알맞은 것의 기호를 모두 쓰세요.

㉮ 담을 허물어 버려야겠다.
㉯ 정원을 아이들의 놀이터로 만들어 줘야겠다.
㉰ 마을을 떠나 사람이 없는 곳에서 살아야겠다.

✎ ____________

6 다음 상황에서 각각 어떤 일이 벌어졌는지 보기 에서 찾아 기호를 쓰세요.

보기
㉮ 거인의 정원에 봄이 찾아왔다.
㉯ 거인의 정원에 겨울이 찾아왔다.

(1) 아이들이 정원에서 뛰어놀 때: (   )
(2) 거인이 무서워 아이들이 정원에서 도망쳤을 때: (   )

7 이웃 사람들이 본, 세상에서 가장 아름다운 정원은 어떤 곳이었나요? (   )

① 눈과 서리가 덮여 있는 거인의 정원
② 아이들이 마음껏 뛰노는 거인의 정원
③ 아이들이 없고 꽃과 나무가 풍성한 정원
④ 죽음을 맞이한 사람들의 영혼이 깃든 정원

8 이 글에서 거인의 모습이 어떻게 달라졌는지 생각하며 빈칸에 알맞은 말을 쓰세요.

지독한 (   ) ➡ (   )을/를 사랑하는 사람

읽은 후

생각 정리

1 『욕심꾸러기 거인』에서 일어난 일을 순서대로 정리하여 그림과 그림 사이에 들어갈 알맞은 내용을 쓰세요.

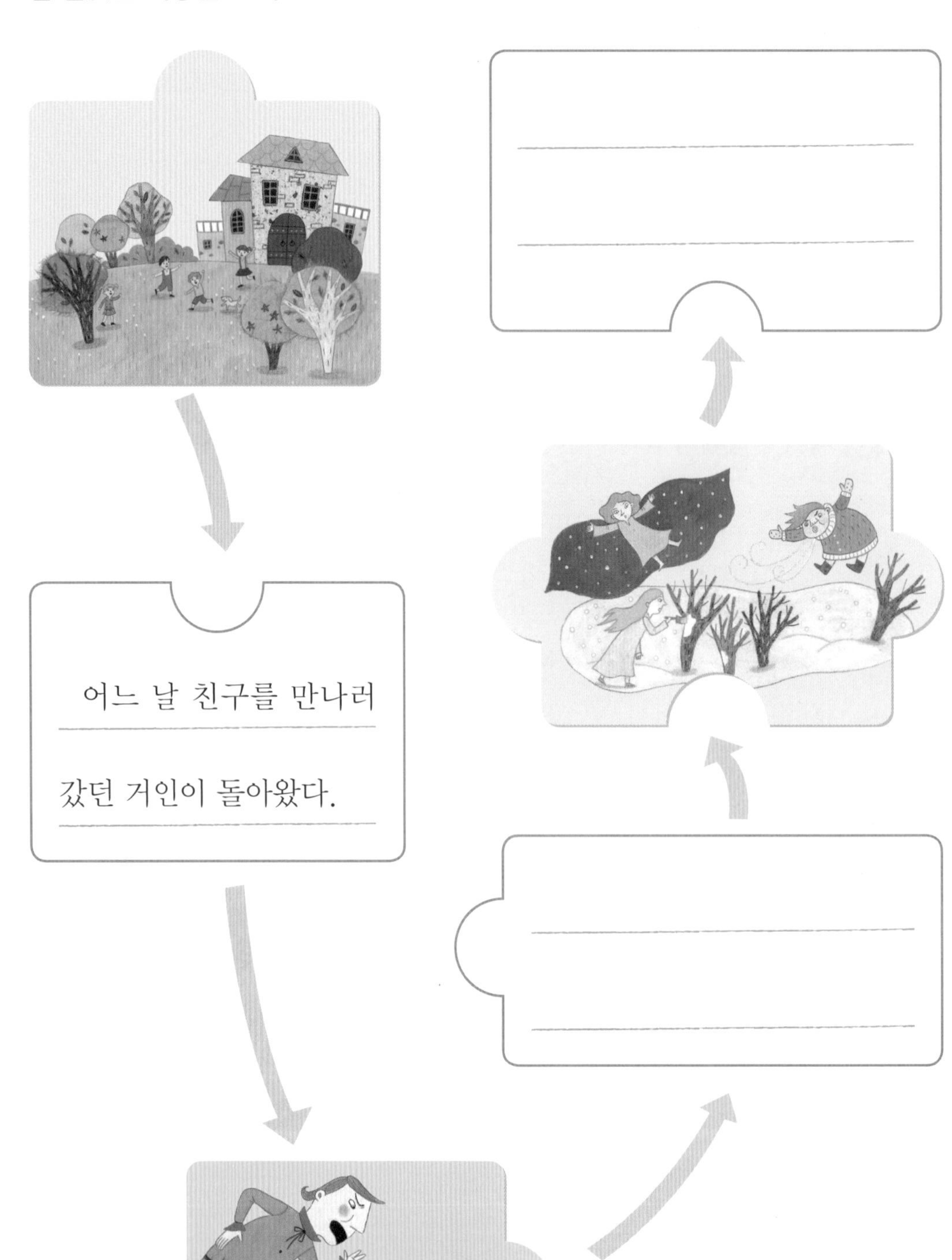

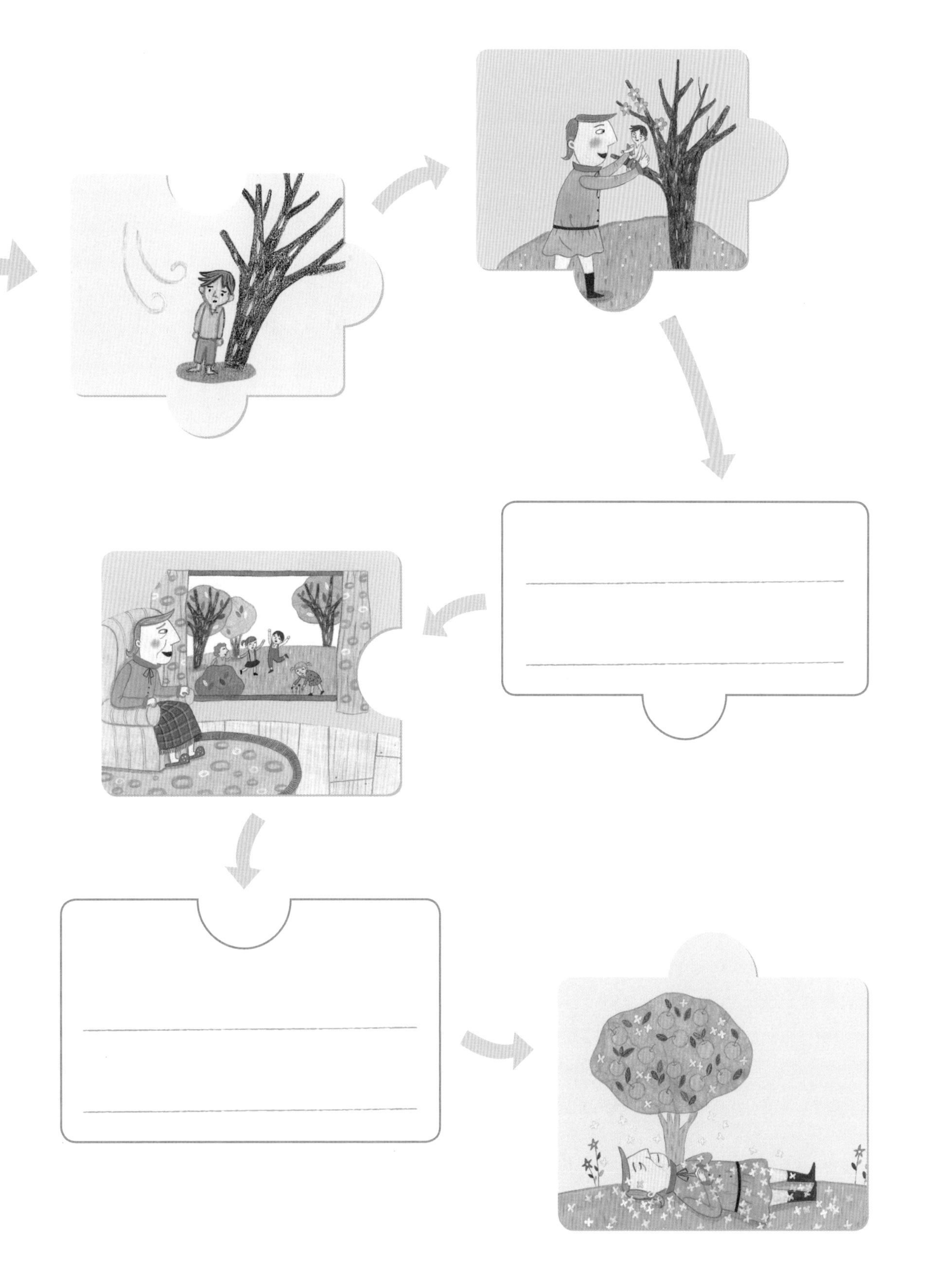

읽은 후

생각 넓히기

1 아이들이 한 일을 보고, 각각의 상황에서 거인이 한 생각을 정리하여 쓰세요.

각 상황에서 거인이 한 생각을 정리해 보면 아이들을 대하는 거인의 마음이 어떻게 달라졌는지 알 수 있어요.

아이들이 한 일

거인이 떠나 있는 동안, 매일 거인의 정원에 들러 뛰어놀았다.

아이들이 한 일

담벼락에 뚫린 작은 구멍으로 거인 몰래 정원에 들어왔다.

아이들이 한 일

날마다 거인의 정원에 와서 거인이 지켜보는 가운데 재미있게 놀았다.

2 다음 상황에서 아이들은 거인에게 각각 어떤 말을 하고 싶었을지 생각해 보고, 간단히 정리하여 쓰세요.

아이들이 처한 상황을 살펴보고 거인에게 어떤 말을 할지 생각해 보세요.

3 거인의 정원에 여름이 계속 머문다면 어떻게 되었을까요? 여름에 찾아오는 더위, 태풍, 장마가 어떻게 거인을 괴롭혔을지 상상하여 쓰세요.

●●●

더위, 태풍, 장마가 거인의 성과 정원, 또는 거인에게 어떤 피해를 줄지 상상해 보세요.

4 거인이 아이들에게 한 일과 작은 꼬마가 거인에게 한 일의 닮은 점을 생각해 보고, 어떤 교훈을 얻을 수 있는지 쓰세요.

•••
거인이 아이들에게 정원을 내준 일과 작은 꼬마가 거인의 친구가 되어 준 일은 모두 어떤 마음에서 비롯된 것인지 생각해 보세요.

배경지식 탐구

나눔과 베풂을 실천한 사람들

우리 주위에는 자신이 가진 것을 다른 사람과 함께 나누면서 기쁨과 보람, 행복을 느끼는 분들이 있습니다. 위인 중에도 자신의 행복보다 모두의 행복을 중요시하고 나눔과 베풂을 실천하며 평생을 산 사람들이 있답니다. 바로 김만덕, 테레사 수녀, 유일한 박사 등이 그 주인공이지요.

김만덕은 조선 시대의 상인으로, 제주도의 특산물을 육지의 옷감, 장신구, 화장품 등과 바꾸어 팔아서 많은 재산을 모았습니다. 어느 해 제주도에 흉년이 들어 많은 사람이 굶어 죽을 위기에 처하자, 김만덕은 자신의 전 재산을 털어 육지에서 쌀을 구입하여 제주도 사람들을 살려냈습니다. 이 일로 김만덕은 왕의 부름을 받았고, 제주도 여성으로는 처음으로 한양에 가게 되었으며 벼슬까지 받았답니다.

테레사 수녀는 인도의 가난한 사람들을 돕기 위해 인도 캘커타의 빈민가에 '사랑의 선교 수녀회'를 만들어 평생 가난하고 병든 사람들을 돌보며 살았습니다. 이 공로✦로 1979년 노벨 평화상을 받기도 했어요. 테레사 수녀는 상금으로 받은 돈 역시 가난한 사람들을 위해 썼으며, 시상식 만찬을 거부하고 그 돈으로 가난한 사람들을 도와달라고 부탁했다고 합니다.

▲ 테레사 수녀

유일한 박사는 대한민국의 기업가이자, 교육가, 독립운동가로, 제약 회사 '유한양행'과 학교 재단 '유한재단'을 설립했습니다. 기업을 운영하며 얻은 수익을 인재 양성 및 교육 사업에 투자했고, 세상을 떠나며 자신의 전 재산을 자식들에게 물려주지 않고 사회에 기부하셨다고 합니다.

✦**공로:** 일을 마치거나 목적을 이루는 데 들인 노력과 수고. 또는 일을 마치거나 그 목적을 이룬 결과로서의 공적.

이런 책도 있어요

채빈, 『우리 신부님, 쫄리 신부님』, 스코프, 2019
유정원, 『왜 욕심부리면 안 되나요?』, 참돌어린이, 2015
스테파니 파슬리 레디어드, 『파이는 나눔을 위한 거야』, 보물창고, 2020

재미로 보는 심리 테스트

★ 노래 듣는 것을 좋아하나요? 좋아하는 음악 장르로 여러분의 성격을 알아보세요.

1. 힙합 음악

2. 클래식 음악

3. 록 음악

4. 댄스 음악

• 결과는 가이드북 13쪽을 확인하세요.

수필 사회, 기술

독서논술계획표

다음 단계에 맞게 공부한 날짜를 쓰세요.

읽기 전

생각 열기	월	일
낱말 탐구	월	일

읽는 중

생각 쌓기	월	일
내용 확인	월	일

읽은 후

생각 정리	월	일
생각 넓히기	월	일

독서 노트	월	일

*구둣방 아저씨
*투덜이 아저씨

읽기 전

생각 열기

1 만약 병에 걸려 오늘까지만 살 수 있다면 하고 싶거나 생각나는 것은 무엇일지 떠올려 쓰세요.

•••
아파서 오늘까지만 살 수 있다면 어떤 소원을 빌지, 무엇이 가장 생각날지 상상해 보세요.

2 우리 곁에서 다음과 같은 일을 하는 사람들이 없어진다면 어떤 일이 생길지 짐작하여 쓰세요.

•••
우리 주변에는 우리 삶에 도움을 주는 분들이 계시지요. 그분들이 없다면 어떤 점이 불편할지 생각해 보세요.

낱말 탐구

1 낱말 카드의 글자를 모두 이용해서 빈칸에 두 글자로 된 낱말을 쓰세요.

베풀어 주신 은혜에 어떻게 [   ] 해야 할지 모르겠어요.

아이들은 숙제가 너무 많다고 [   ] 을/를 늘어놓았다.

휴대 전화로 영상 통화도 하는 걸 보면 참 [   ] 좋아졌어.

어디가 아픈지 병원에 가서 [   ] 을 받아 보자.

아깝지만 그 옷은 [   ] 가 맞지 않아 못 입겠다.

상희는 괜한 소리를 했다고 [   ] 를 했지만 소용없었다.

2 뜻이 통하는 문장이 되도록 뒤섞여 있는 글자의 차례를 바로잡아 쓰세요.

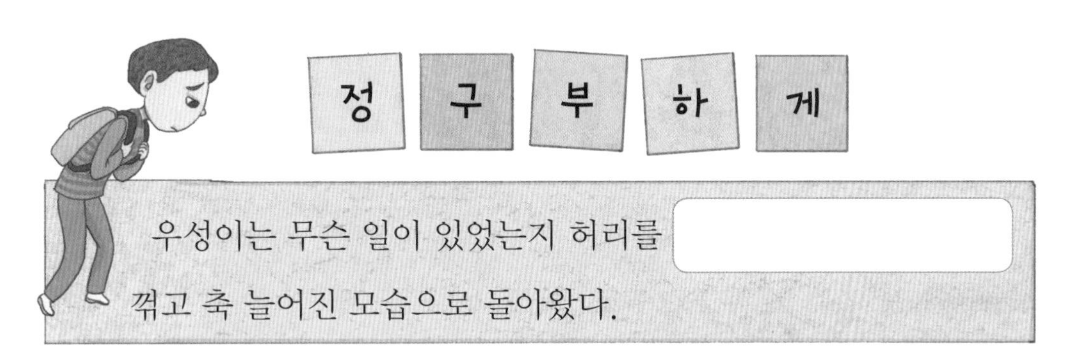

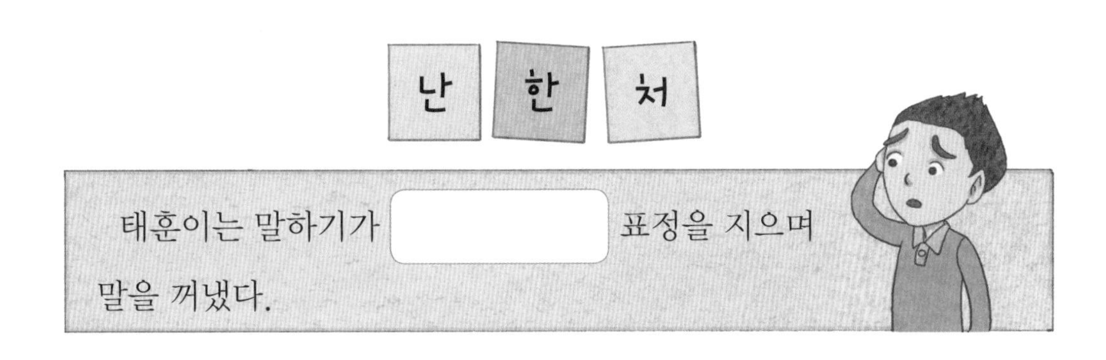

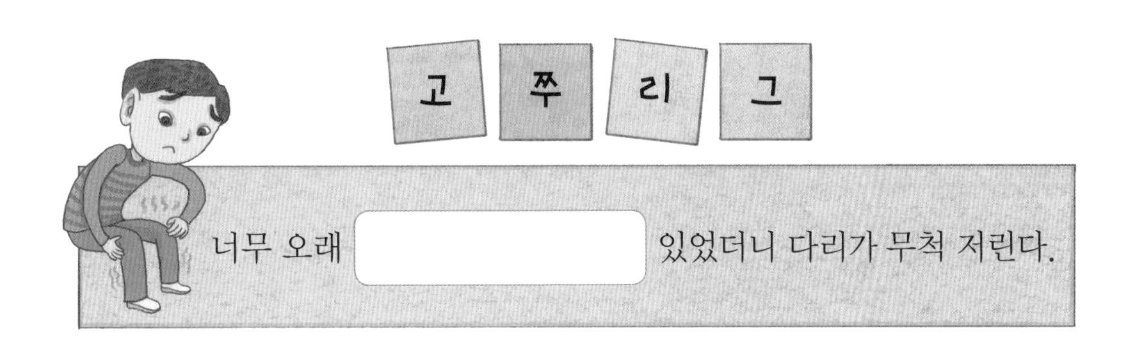

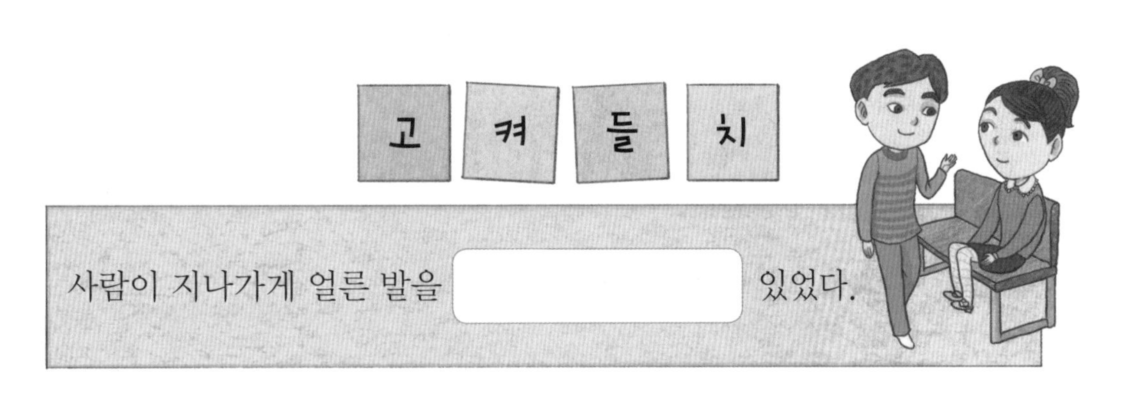

읽는 중

생각 쌓기

이야기에 나오는 인물들은 어떤 사람들인지, 이야기가 전하는 교훈은 무엇인지 생각하며 다음 글을 읽어 보세요.

구둣방 아저씨

마을 사람들은 구둣방 아저씨를 바보라고 불렀습니다. 처음에는 한두 사람이 그렇게 부르더니, 이제는 모두 그렇게 불렀습니다.

구부정하게 허리를 굽히고 힘없이 다니는 모습도 그러하였으며, 비좁은 가게에서 온종일 쭈그리고 앉아 구두를 깁는 모습은 더욱 바보스럽게 보였습니다.

마을의 큰 잔칫날이 돌아왔습니다. 이날은 마을에서 가장 훌륭한 일을 한 사람을 뽑는 날입니다. 이날 뽑힌 사람은 꽃마차를 타고 마을을 돌며 사람들의 축하 인사를 받습니다.

이 마을 사람들이라면 누구든지 한 번쯤 뽑히고 싶어 합니다.

이번에 가장 많은 표를 얻은 사람은 양복점 아저씨였습니다. 마을 사람들은 양복점 아저씨가 만든 옷을 입고 자기들이 멋쟁이가 되었다고 생각하였던 것입니다.

"아무렴, 누구 덕분에 우리 마을 사람들이 멋쟁이가 되었는데요?"

"양복점 주인 솜씨는 역시 최고지요."

마을 사람들은 내년에는 자신도 꼭 뽑혀서 꽃마차도 타고 축하 인사를 받고 싶다고 말하며 가장 훌륭한 일을 한 사람으로 뽑힌 양복점 아저씨를 부러운 눈길로 바라보았습니다.

훌륭한 사람을 뽑은 표 중에는 구둣방 아저씨의 표도 들어 있었습니다. 그러나 꼭 한 표뿐이었습니다.

마을에서 가장 훌륭한 일을 한 사람으로 ❶ ______________ 아저씨가 뽑혔습니다.

“구둣방 주인의 표가 하나 나왔다고? 하하, 호호……. 누가 그런 바보에게 투표를 했을까?”

“아마 정신없는 사람이 실수를 했나 보네요.”

“그런가 보군요. 하하하.”

마을 사람들은 모두 구둣방 아저씨를 비웃었습니다.

자기 이름을 적어 넣었던 구둣방 아저씨는 마을 사람들의 이야기를 듣고 부끄러워서 견딜 수가 없었습니다. 자기는 구두를 열심히 만들었다고 생각하여 그렇게 하였는데, 사람들이 이처럼 놀릴 줄은 꿈에도 몰랐습니다. 구둣방 아저씨의 부인 역시 마을 사람들의 이야기에 몹시 속상했습니다.

“사람들이 당신을 바보 취급하는군요.”

“난 지금까지 쉬지 않고 일하면서 발이 편하고 튼튼한 구두를 만들려고 최선을 다했는데…….”

“나도 당신이 열심히 일하는 것이 무척 자랑스러운데…….”

“이럴 줄 알았으면 쓰지 말걸…….”

“그럼, 당신이 표에 이름을 써넣었어요?”

“그랬다오.”

구둣방 아저씨의 부인은 아저씨의 어깨를 토닥여 주며 슬퍼하는 아저씨를 꼭 안아 위로해 주었습니다.

그 일이 있은 후부터 구둣방 아저씨는 꼼짝도 안 하고 구두만 만들었습니다.

그러던 어느 날, 구둣방 아저씨에게 또 난처한 일이 생기고 말았습니다. 욕심쟁이로 소문난 벽돌 공장 아저씨의 구두를 지으려고 재어 둔 치수 표를 잃어버린 것입니다. 그래서 그는 벽돌 공장 아저씨에게 발을 다시 재어야겠다고 말했습니다. 벽돌 공장 아저씨는 고개를 치켜들고 화를 냈습니다.

"뭐요? 내 귀한 발을 ✦얼간이 짓을 하는 당신에게 두 번씩이나 맡기라고?"

구둣방 아저씨는 이러지도 저러지도 못하고 매우 난처했습니다.

"그럼, 어떻게……."

"구두값을 깎아 주시오. 그럼 다시 재겠소."

"예?"

"귀가 먹었소? 구두값을 깎아 달란 말이오."

"정 그러시다면 그렇게 하지요."

구둣방 아저씨는 구두값을 반으로 깎아 주기로 하고 발을 재었습니다.

구둣방 아저씨는 ❷ ________________ 아저씨의 발을 재어 둔 치수 표를 잃어버려 난처했습니다.

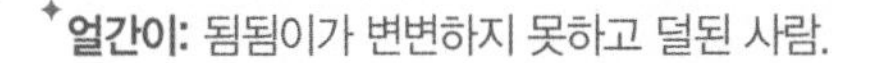
✦ **얼간이:** 됨됨이가 변변하지 못하고 덜된 사람.

이 소문은 금방 온 마을에 퍼졌습니다.

"구둣방 주인은 바보라네."

구둣방 아저씨는 더는 얼굴을 들고 다닐 수가 없었습니다.

결국, 구둣방 아저씨는 구부정한 등에 보따리를 지고 몰래 마을을 떠나고 말았습니다.

며칠이 지나고 마을 사람들은 구둣방 문이 계속 닫힌 것을 보고 궁금한 생각이 들었습니다.

"구둣방 주인 본 적 있어요?"

"아니요, 요즘 통 보이지 않던데요?"

옆에서 듣던 양복점 아저씨가 끼어들며 말했습니다.

"얼마 전인가 다른 동네로 이사를 갔는지, 여길 떠났다는 소문을 들었어요."

"그것참 잘되었네요."

구둣방 아저씨가 떠난 것을 알고 마을 사람들은 웃어 대며 말했습니다.

"이제 우리 마을에 바보는 한 사람도 없게 되었네요."

"그럼요, 똑똑하고 멋쟁이만 사는 마을이 되었어요."

그 후, 얼마가 지났습니다. 구둣방 앞에서 양복점 아저씨의 부인과 벽돌 공장 아저씨가 걱정스러운 표정으로 서 있었습니다. 벽돌 공장 아저씨는 양복점 아저씨의 부인에게 무슨 일인지 물었습니다.

"우리 큰 애가 곧 직장에 첫 출근을 하게 되었는데 큰 애의 새 구두를 지을 일이 걱정이에요."

"아이고, 저도요. 우리 딸이 곧 결혼을 하는데 하나뿐인 구둣방이 문을 닫았으니 큰일이에요."

참으로 이상한 일이지요? 누구부터인지는 몰라도 마을 사람들은 걱정스러운 얼굴로 이런 말을 주고받는 것이었습니다.

"이제 누가 우리 구두를 지어 주지요?"

한줄톡! 마을 사람들은 마을에 ❸ ________ 을/를 지어 줄 사람이 없다는 것을 깨닫고 걱정하였습니다.

투덜이 아저씨

어느 동네에 불평 많은 아저씨가 살고 있었습니다.

아저씨는 늘 다른 사람들이 자기를 알아주지 않는다며 불평을 하였습니다. 그리고 해가 뜨면 덥다고, 비가 오면 날씨가 좋지 않다고 또 불평을 하였습니다.

"바람은 왜 이렇게 불어."

심지어는 동네마저 아름답지 못하다고 ✦트집을 잡으며 불평을 하였습니다.

"우리 동네는 왜 이렇게 꽃이 많은 거야?"

어느 날, 갑자기 아저씨는 머리가 아파 오기 시작했습니다. 참을 수 없이 심한 두통이 계속되었습니다. 두통 때문에 짜증이 난 아저씨는 얼굴을 잔뜩 찡그리고 병원에 가서 진찰을 받았습니다.

의사 선생님이 고개를 ✦갸웃거리며 걱정스럽게 말했습니다.

"좀 더 검사를 해 보아야겠어요. 며칠 후에 다시 오시지요."

✦**트집:** 공연히 조그만 흠을 들추어내어 불평을 하거나 말썽을 부림. 또는 그 불평이나 말썽.

✦**갸웃거리며:** 고개나 몸 따위를 이쪽저쪽으로 자꾸 조금씩 기울이며.

아저씨는 자세하게 설명해 주지 않는 의사 선생님도 불만이었습니다. 그러면서도 겁이 났습니다.

'내 몸에 문제가 생긴 게 틀림없어. 그러니까 검사도 더 해 봐야 한다고 하고, 자세히 얘기도 안 해 주는 거겠지.'

병원을 나서며 아저씨는 점점 심각해졌습니다. 의사 선생님의 말을 계속 떠올리며 자기가 죽을 병에 걸렸다고 확신하였습니다. 아저씨의 친구가 비슷한 증세를 보이다 죽었기 때문에 아저씨는 자신도 같은 병에 걸린 게 틀림없다고 생각했습니다.

'나는 이제 어떻게 해야 하는 걸까? 앞으로 얼마나 살 수 있는 걸까? 내가 뭘 해야 할까?'

투덜이 아저씨는 자신이 ❹ ______________ 에 걸린 게 틀림없다고 생각했습니다.

✦ **문제:** 해결하기 어렵거나 난처한 대상. 또는 그런 일.

이제 곧 죽는다고 생각하니, 아저씨는 지금까지 살아왔던 지난 세월을 후회하게 되었습니다. 지난 세월은 즐거움보다는 괴로움이, 감사보다는 불평이 더 많았던 시간이었습니다.

며칠 후, 아저씨는 괴로운 마음으로 다시 병원에 찾아갔습니다. 그런데 아저씨의 예상과 달리 의사 선생님은 아저씨를 반기며 따뜻하고 나직한 목소리로 말했습니다.

"환자분의 두통은 얼마 동안 치료를 받으면 괜찮아질 것입니다. 걱정 마시고 치료 잘 받으세요."

그 말을 듣는 순간 아저씨는 대단히 기뻤습니다. 그동안 밥도 제대로 먹지 못하고 아무것도 손에 잡히지 않아 집에만 머물며 초조한 마음이었는데 모든 근심이 싹 달아났습니다.

아저씨는 불만스러웠던 의사 선생님에게도 감사한 마음이 들었습니다.

진료를 마치고 병원을 나와 길을 걷다 보니, 돌 틈에 아름답게 피어 있는 들국화 한 송이가 눈에 띄었습니다.

"오, 네가 거기 있었구나!"

아저씨가 허리를 구부렸습니다. 여기저기서 갖가지 예쁜 꽃들이 눈에 띄었습니다. 아저씨는 많은 꽃에 일일이 입을 맞추었습니다.

"그래, 너희들의 아름다움을 그동안 내가 모르고 지냈구나."

상쾌한 바람이 아저씨의 머리카락을 살짝 날렸습니다.

"너도 여기 있었구나!"

아저씨는 자신을 향해 불어오는 시원한 바람을 손바닥으로 소중히 감싸서 들이켰습니다.

'이처럼 달콤한 공기를 이제껏 모르고 지냈다니…….'

햇볕도 유난히 따스하게 내리쬐었습니다. 아저씨는 이제야 비로소 행복을 느꼈습니다. 꽃과 바람 그리고 해님에게도 마음속으로 감사하다고 말했습니다.

투덜이 아저씨는 이제 작은 것에도 감사하며 비로소 ❺ ________ 을/를 느꼈습니다.

글을 읽고, 물음에 답해 보세요.

구둣방 아저씨

1 마을 사람들은 구둣방 아저씨를 뭐라고 불렀는지 두 글자로 쓰세요.

✎ ______________

2 양복점 아저씨가 마을에서 가장 훌륭한 일을 한 사람으로 뽑힌 까닭으로 알맞은 것에 ○표 하세요.

(1) 마을에서 가장 멋진 옷을 입고 다녀서 (　　　)

(2) 차별하지 않고 마을 사람들 모두에게 친절하게 대해서 (　　　)

(3) 마을 사람들이 양복점 아저씨가 만든 옷을 입고 자기들이 멋쟁이가 되었다고 생각해서 (　　　)

3 구둣방 아저씨는 왜 표에 자기 이름을 적었나요? (　　　)

① 양복점 아저씨를 좋아하지 않아서

② 마을 사람들과 사이좋게 지내고 싶어서

③ 자신을 바보 취급하는 사람들을 놀라게 해 주고 싶어서

④ 마을 사람들을 위해 구두를 열심히 만들었다고 생각해서

4 구둣방 아저씨가 마을에 필요한 사람임을 깨달았을 때, 마을 사람들은 어떤 마음이 들었을까요? (　　　)

① 구둣방 아저씨에게 질투가 났을 것이다.

② 마을을 몰래 떠난 구둣방 아저씨가 원망스러웠을 것이다.

③ 구둣방 아저씨를 무시하며 놀렸던 것이 후회되었을 것이다.

④ 구둣방 아저씨에게 구두 만드는 기술을 배우고 싶었을 것이다.

투덜이 아저씨

5 **투덜이 아저씨는 어떤 사람인가요? (   )**

① 불평이 많다.
② 일에 빠져 있다.
③ 아이들을 싫어한다.
④ 다른 사람과 말을 하지 않는다.

6 **투덜이 아저씨가 병원에 간 까닭을 알맞게 말한 친구의 이름을 쓰세요.**

재인: 참을 수 없이 심한 두통 때문이었어.
지민: 의사 선생님이 아저씨의 친구였기 때문이야.
윤아: 의사 선생님에게 자신의 불평을 말하고 싶었기 때문이야.

7 **투덜이 아저씨가 자신이 죽을 병에 걸렸다고 생각한 까닭으로 알맞은 것의 기호를 쓰세요.**

㉮ 의사 선생님이 검사를 권하지 않았기 때문에
㉯ 아저씨의 친구가 비슷한 증세를 보이다 죽었기 때문에
㉰ 병원을 다녀온 후 다른 곳에도 아픈 증상이 나타났기 때문에

8 **투덜이 아저씨는 그동안 왜 행복을 느끼지 못했는지 생각하며 빈칸에 알맞은 말을 두 글자로 쓰세요.**

불평만 하고 주변에 (   )하며 살지 못했기 때문에

읽은 후

생각 정리

1 『구둣방 아저씨』에서 구둣방 아저씨에게 일어난 일을 생각하며 빈칸에 알맞은 내용을 쓰세요.

①

마을에서 가장 훌륭한 일을 한 사람을 뽑는 날이 되자, 구둣방 아저씨는 구두를 열심히 만들었다고 생각해서 (   ).

②

가장 많은 표를 얻은 사람은 양복점 아저씨였고, 마을 사람들은 구둣방 주인의 표가 (   ) 말하며 비웃었다.

③

구둣방 아저씨는 벽돌 공장 아저씨의 발을 잰 (   ), 벽돌 공장 아저씨는 발을 두 번씩이나 잰다고 화를 냈다.

④

구둣방 아저씨는 보따리를 지고 몰래 (   ). 얼마 지난 후 마을 사람들은 구두를 만들어 줄 사람이 없는 것을 깨닫고 걱정하였다.

2 『투덜이 아저씨』에서 투덜이 아저씨에게 일어난 일을 생각하며 빈칸에 알맞은 내용을 쓰세요.

①

투덜이 아저씨는 다른 사람들이 자기를 알아주지 않는다고, 주변의 것들이 자신의 마음에 들지 않는다고 늘 ______________.

②

어느 날 갑자기 참을 수 없이 심한 두통이 생기자, 투덜이 아저씨는 병원에 가 ______________.

③

투덜이 아저씨는 좀 더 검사를 해 보자는 의사 선생님의 말을 듣고 자신이 ______________ 짐작했다.

④

치료를 받으면 괜찮을 거라는 의사 선생님의 말을 들은 투덜이 아저씨는 ______________, 마음속으로 감사하다고 말했다.

읽은 후 생각 넓히기

1 훌륭한 사람으로 뽑히고 싶은 사람은 자신이 뽑힐 만한 까닭을 적어 내야 해요. 다음 인물들은 자신에 대해 뭐라고 썼을지 생각하여 쓰세요.

●●●
각각의 직업이 마을 사람들에게 어떤 도움을 주는지 생각해 보세요.

2 **마을 사람들의 사과를 받고 구둣방 아저씨가 마을로 돌아왔다면 어떤 일이 벌어질지 간단히 써 보세요.**

상황이 달라지면 인물의 행동과 마음도 달라져요. 바뀐 상황에 맞게 일어날 일을 자유롭게 상상해 보세요.

아마도 벽돌 공장 아저씨는

그리고 마을 사람들은

3 투덜이 아저씨가 죽은 친구와 같은 병에 걸렸다면 아저씨의 마음은 어떠할까요? 알맞은 표정에 ∨표 하고, 어떤 생각을 했을지 짐작하여 쓰세요.

내가 투덜이 아저씨라면 죽을 병에 걸렸다는 말을 듣고 어떤 표정을 지었을지, 어떤 생각을 했을지 떠올려 보세요.

어떤 생각을 했을까요?

4 다음은 『구둣방 아저씨』와 『투덜이 아저씨』에 나오는 인물들이에요. 인물들에 대한 다른 사람들의 생각을 정리하여 쓰고, 나는 이야기 속 인물을 어떻게 생각하는지 쓰세요.

인물들의 말과 행동을 살펴보면 생각을 파악할 수 있어요.

다른 사람들의 생각	인물	나의 생각
말도 잘 못하고 늘 구부정하게 앉아 있는 바보	구둣방 아저씨	
	양복점 아저씨	마을에서 누구나 인정해 주는 최고 인기남
	투덜이 아저씨	

배경지식 탐구

열정의 구두장이, 페라가모

▲ 이탈리아에 있는 페라가모 박물관 겸 본사

1927년에 설립된 살바토레 페라가모(Salvatore Ferragamo)는 구두를 비롯해 핸드백, 가죽 소품, 액세서리, 주얼리 등을 제작 · 판매하는 이탈리아의 패션 명품 브랜드입니다. 설립자의 이름을 딴 이 브랜드는 작은 구두 공장에서 출발하여 편안함을 중시하는 수제 구두를 만들기 위해 노력했습니다.

가난한 농부의 아들로 태어난 살바토레 페라가모는 가정 형편이 어려워 ✦성찬식에서 신을 신발이 없는 여동생을 위해 처음으로 구두를 만들었습니다. 이 일을 계기로 나폴리의 한 구두점에서 수련공으로 일하며 구두 제작 공정을 습득하게 되었고, 2년 후에는 자신의 집 한 켠에 여성용 맞춤 구두 가게를 열 정도로 실력이 성장했습니다. 그리고 16세가 되자 캘리포니아로 이주해 구두 제조 및 수리점을 열었습니다. 이후 그는 영화 스튜디오에 카우보이 부츠를 납품하게 된 것을 계기로, 영화 소품으로 사용하는 독특한 구두를 제작해 납품하기 시작했습니다.

살바토레 페라가모는 신기 편한 신발을 만들기 위해 야간 대학에서 인체 해부학을 공부했습니다. 그는 사람의 체중이 발의 중심에 실린다는 점을 깨닫고 신발 중앙에 철심을 박아 체중을 지탱하도록 했습니다. 신발 디자인에 인체 해부학을 적용시킨 것은 살바토레 페라가모가 최초였습니다. 무게 중심을 활용한 그의 신발 제작 원리는 오늘날 모든 신발 제작에도 그대로 적용되고 있습니다.

✦ **성찬식:** 예수의 수난을 기념하는 기독교 의식. 예수의 살을 상징하는 빵과 피를 상징하는 포도주를 나누어 먹음.

이런 책도 있어요

강용숙, 『곱빼기로 땡큐 땡큐』, 소담주니어, 2013
정해왕, 『해 뜰 때 한 일을 해 질 때까지?』, 책고래출판사, 2020
서지원, 『4차 산업 혁명과 미래 직업 이야기』, 크레용하우스, 2018

머리가 좋아져요! **사고력 테스트**

★ 스도쿠는 가로 세로 아홉 칸인 정사각형 모양의 빈칸에 1부터 9까지 아홉 개의 숫자를 채우는 수학 퍼즐이에요. 다음 세 가지 조건을 모두 만족시켜서 퍼즐을 완성해 볼까요?

조건
- 1. 어떤 가로줄에도 같은 숫자가 있으면 안 돼요.
- 2. 어떤 세로줄에도 같은 숫자가 있으면 안 돼요.
- 3. 아홉 칸짜리 작은 정사각형 안에 같은 숫자가 있으면 안 돼요.

1	5		7				9	
3			9	1			6	
	7	9			4		1	
	8		5			3		6
	9		8		7		4	
6					2		7	
	3		4			7		
	6			7	9			2
	4				3		8	9

• 정답은 가이드북 13쪽을 확인하세요.

소설 사회, 철학

독서논술계획표

다음 단계에 맞게 공부한 날짜를 쓰세요.

읽기 전			읽는 중			읽은 후		
생각 열기	월	일	생각 쌓기	월	일	생각 정리	월	일
낱말 탐구	월	일	내용 확인	월	일	생각 넓히기	월	일

독서 노트	월	일

행복의 꽃

알퐁스 도데

※ 알퐁스 도데는 프랑스의 소설가입니다. 대표작으로 『별』, 『방앗간 소식』, 『사포』 등이 있습니다.

읽기 전

생각 열기

1 다음과 같은 마법의 물건 세 가지를 받았다고 생각해 보세요. 물건의 이름을 정하고, 어떤 경우에 사용하면 좋을지 쓰세요.

마법의 물건을 꼭 좋은 일에만 써야 한다고 제한하지 말고 자유롭게 상상해 보세요.

머리에 쓰면 다른 사람의 눈에 보이지 않게 되는 모자

이름: ______

사용하면 좋은 때: ______

______

돌을 황금으로 바꾸어 주는 물이 끊임없이 나오는 물병

이름: ______

사용하면 좋은 때: ______

______

겨냥만 하면 다 맞힐 수 있는 활

이름: ______

사용하면 좋은 때: ______

______

2 나에게 행복이나 불행을 주는 사람 또는 물건을 떠올려 보고, 어떤 때 그런 느낌이 드는지 쓰세요.

•••
행복과 불행을 어렵게 생각하지 말아요. 즐겁고 기쁜 마음이 들었던 일과 슬프고 우울한 마음이 들었던 일로 구분 지어도 좋아요.

나를 행복하게 해요

행복을 주는 사람(물건)

행복하다고 느낄 때

행복을 주는 사람(물건)

행복하다고 느낄 때

나를 불행하게 해요

불행을 주는 사람(물건)

불행하다고 느낄 때

불행을 주는 사람(물건)

불행하다고 느낄 때

읽기 전

낱말 탐구

1 주어진 뜻을 가진 낱말을 글자들 속에서 찾아 ○표 하세요.

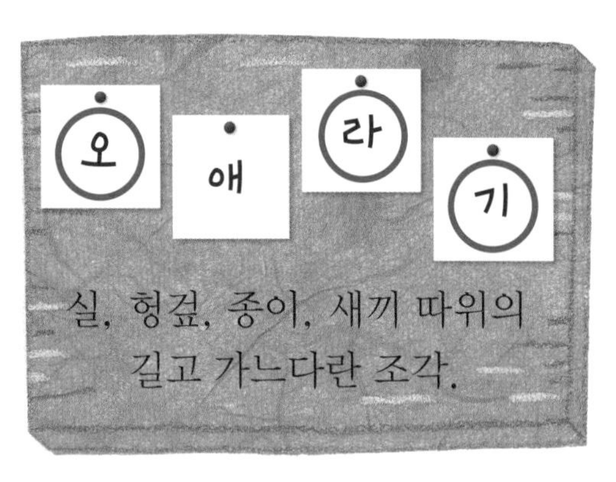

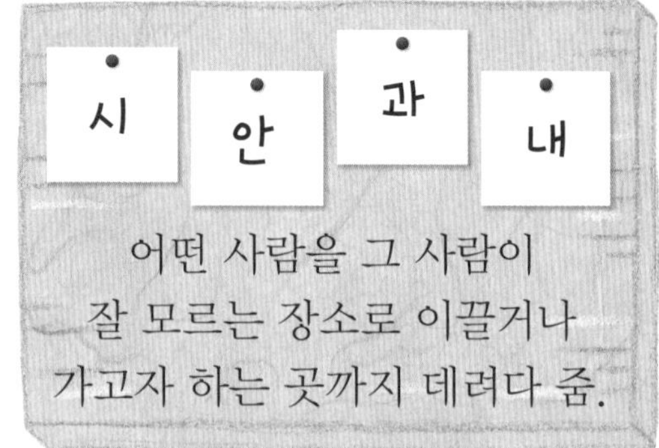

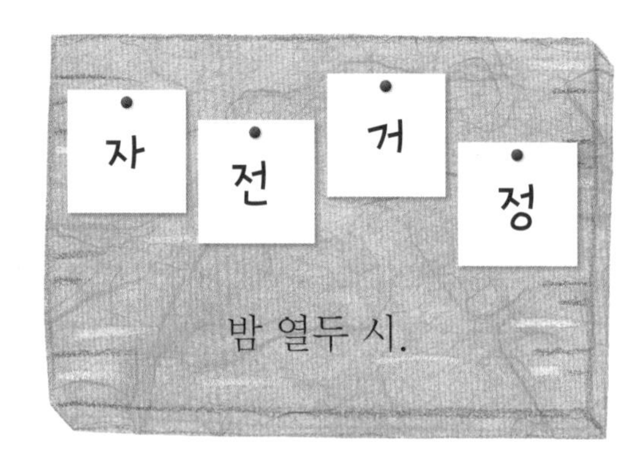

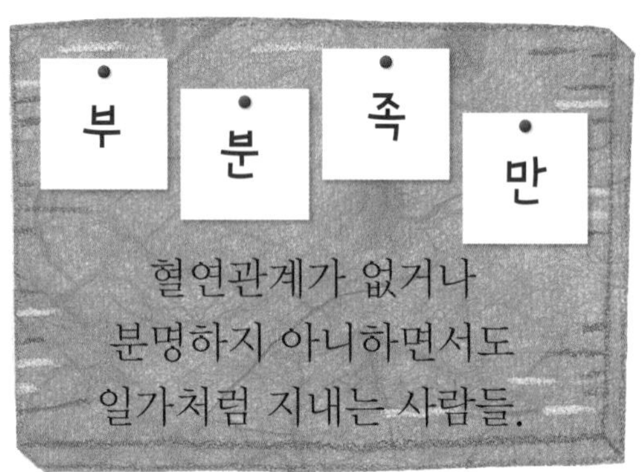

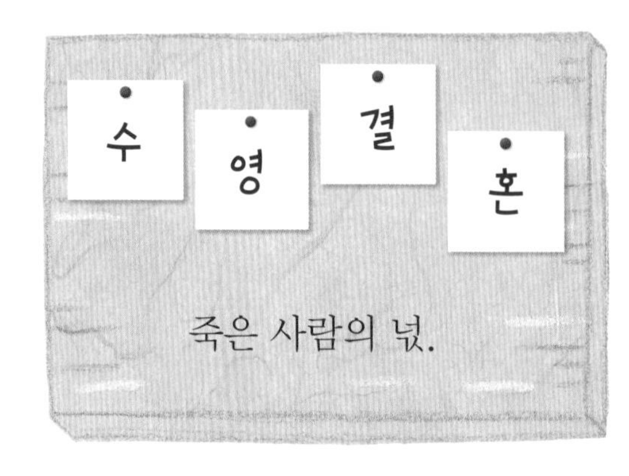

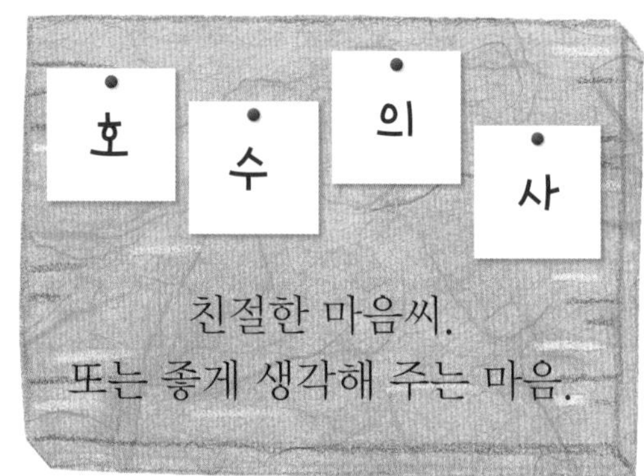

2 낱말의 뜻풀이를 보고, 뒤섞여 있는 글자들을 바로잡아 빈칸에 차례대로 쓰세요.

읽는 중 생각 쌓기

어머니 무덤에 핀 꽃은 무엇이었는지, 그 꽃이 아들에게 가져다준 것은 무엇인지 생각하며 다음 글을 읽어 보세요.

행복의 꽃

알퐁스 도데

먼먼 옛날, 무척 가난한 집에 어머니와 아들이 살고 있었습니다. 그런데 어머니는 몹쓸 병에 걸려 곧 죽게 되었습니다. 어머니는 세상에 혼자 남게 될 아들이 불쌍하여 울면서 말했습니다.

"아들아, 내가 죽고 나면 너 혼자 살아가야 할 텐데 네게 아무것도 물려줄 것이 없구나. 내가 죽거든 땅속에 나를 묻고 자정에 내 무덤을 찾아오렴. 내 무덤에 꽃이 한 송이 피어 있을 거야. 그 꽃을 꺾어 이 엄마인 양 소중히 간직하렴. 그 꽃이 너에게 행복을 가져다줄 거야."

말을 마친 어머니는 세상을 떠났습니다. 아들은 어머니를 땅속에 묻은 뒤 자정이 되자 무덤을 찾아갔습니다. 어머니의 무덤 위에는 정말로 푸른 꽃 한 송이가 아름답게 피어 있었습니다. 아들은 그 꽃을 꺾어 주머니에 넣어 가지고 집으로 돌아왔습니다.

이튿날이었습니다. 아들은 길에서 발을 절뚝거리는 늑대와 마주쳤습니다.

"이봐, 내 발에 박힌 가시 좀 빼 줄래?"

"뭐, 그렇게 해 주지요."

아들이 가시를 빼 주자 늑대가 말했습니다.

"고맙네. 하지만 지금은 ✦보답할 것이 없어. 대신 내 털 한 오라기를 뽑아 가. 그리고 언제든 내 도움이 필요하면 입에다 그 털을 대고 불어 봐."

아들은 늑대의 털 한 오라기를 뽑아서 주머니에 넣었습니다. 그러고는 다시 길을 떠났습니다.

아들은 오랫동안 여기저기를 떠돌아다녔습니다. 하지만 행복을 찾을 수는 없었습니다.

너무 지쳐서 행복을 가져다주겠다던 어머니 말씀도 소용없는 것으로 여겨졌습니다. 아들은 조금은 울적해져서 주머니의 그 꽃을 꺼내 보았습니다. 그런데 이게 웬일일까요?

아들이 늑대의 발에 박힌 가시를 빼 주자, 늑대는 아들에게 자신의 ❶ ________ 한 오라기를 뽑아 가라고 했습니다.

✦**보답할:** 남의 호의나 은혜를 갚음.

푸른 꽃이 곧추서더니 하늘로 떠오르며 말하는 것이었습니다.

"나를 따라오렴! 다른 이의 눈에는 내가 보이지 않으니 안심하고 나를 따라와. 너에게 행복을 가져다줄게."

아들은 꽃을 따라가다 저녁 무렵 어느 숲에 이르렀습니다. 그곳에서 여우를 만났습니다.

여우는 아들을 반갑게 맞았습니다.

"젊은 친구, 마침 잘 왔네. 내 귀에 벌 한 마리가 들어가 아주 아파 죽겠어. 당장 좀 꺼내 줘."

아들은 여우의 귀에서 벌을 꺼내 주었습니다.

그러자 여우가 말했습니다.

"자네가 찾고 있는 행복을 내가 당장 줄 수는 없네. 하지만 말이야, 자네의 호의에 감사하는 뜻으로 한 가지만 알려 주지. 행복을 찾으려면 먼저 심술궂은 마녀의 머슴이 되어야 해. 머슴이 되어 할 일은 사흘 동안 금빨이 난 암소 한 마리에게 풀을 먹이는 것일세. 단, 암소가 혼자 집으로 돌아가게 해서는 안 되네. 그랬다가는 마녀에게 혼날 거야. 사흘 동안 무사히 암소에게 풀을 먹인다면 일한 값을 주겠다고 할 거야. 그럼 모자를 달라고 하게. 마녀의 방 벽난로 위에 걸려 있다네. 머리에 쓰면 사람의 눈에 보이지 않게 되는 마법 모자야. 알겠지?"

여우는 이렇게 말하고는 가 버렸습니다. 아들은 꽃을 다시 주머니에 넣고는 그 자리에서 누워 잠을 잤습니다.

다음 날이었습니다. 아들은 다시 둥실둥실 떠가는 꽃을 따라갔습니다. 잠시 뒤 아들은 쇠로 만든 아주 큰 집에 이르렀습니다.

그러자 꽃이 말했습니다.

"나를 주머니에 집어넣고, 내가 다시 부르면 꺼내 줘."

아들이 주머니에 꽃을 넣자 쇠로 만든 집의 대문이 열리더니 못생긴 마녀가 나타났습니다.

"여기에는 왜 온 게야?"

"머슴 일을 해 드리려고요."

한줄톡! 여우는 아들에게 마녀의 머슴이 되면 일한 값으로 마녀의 ❷ ______ 을/를 달라고 하라고 시켰습니다.

"그래? 좋아. 우선 금뿔 암소를 데리고 가서 풀을 먹이도록 해. 하지만 저녁때가 되기 전에 암소가 혼자 집으로 돌아오게 하면 안 돼. 만일 그리 되면 너는 죽은 목숨이야. 사흘 동안 무사히 이 일을 해내면, 내 물건들 중에서 한 가지를 갖게 해 주지. 알겠어?"

아들은 마녀의 말대로 금뿔이 달린 암소를 데리고 풀밭으로 나갔습니다. 풀밭에 이르자 암소는 집으로 달려가려고 했습니다. 아들은 얼른 늑대의 털을 꺼내 불었습니다. 그러자 갑자기 수십 마리의 늑대가 나타났습니다. 늑대들은 암소를 에워싸고 한 발짝도 움직이지 못하게 했습니다. 늑대들 덕분에 아들은 무사히 암소를 데리고 마녀의 집으로 돌아올 수 있었습니다.

다음 날도 똑같은 일이 벌어졌습니다.

그리고 사흘째 되던 날도 마찬가지였습니다. 사흘 동안 아들이 무사히 암소를 데리고 오자 마녀는 집 안의 물건 가운데 하나를 고르라고 했습니다.

아들은 벽난로 위에 걸린 낡은 모자를 집으려고 했습니다.

"앗, 그것만은 안 돼!"

마녀는 깜짝 놀라며 모자를 빼앗으려 했습니다.

아들은 재빨리 모자를 썼습니다. 아들의 모습이 보이지 않자 마녀도 어쩔 수가 없었습니다.

아들은 마녀의 집에서 멀리 도망쳐 나온 뒤 모자를 벗어 주머니에 넣었습니다.

그때 꽃이 아들을 불렀습니다.

"나를 꺼내 봐!"

아들이 꽃을 꺼내자 꽃은 다시 둥둥 날아갔습니다. 아들은 꽃을 따라 어느 산기슭에 이르렀습니다.

아들이 지쳐서 어느 나무 밑에 드러눕자 꽃이 말했습니다.

"나를 다시 주머니에 넣으렴."

아들은 꽃을 주머니에 넣고는 스르르 잠이 들었습니다. 산도 같이 깊이 잠든 것처럼 고요했습니다. 그때였습니다.

"으악, 살려 줘!"

어디선가 비명 소리가 들려와 아들은 잠에서 깼습니다. 아들은 주위를 살펴보았습니다. 커다란 두꺼비 한 마리가 눈에 띄었습니다. 두꺼비는 키가 두 뼘밖에 안 되는 땅꼬마의 다리를 붙들고 있었습니다. 아들은 벌떡 일어나 커다란 돌멩이를 집어 두꺼비에게 던졌습니다.

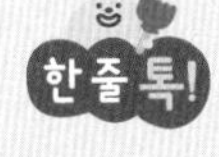

비명 소리에 잠에서 깬 아들은 두꺼비가 ❸ ______________ 의 다리를 붙들고 있는 것을 보았습니다.

두꺼비는 돌을 맞고 땅꼬마의 다리를 놓았습니다. 땅꼬마는 재빨리 아들에게 달려와 팔에 매달리며 품속에 숨겨 달라고 부탁했습니다. 아들이 땅꼬마를 품속에 안자 땅꼬마가 말했습니다.

"구해 줘서 고마워. 그런데 어디 숨을 곳이 없을까? 그 두꺼비는 나쁜 요정이거든. 곧 두꺼비들을 모아 떼로 몰려올 거야."

아들은 얼른 마녀의 모자를 꺼내 썼습니다.

바로 뒤에 두꺼비 떼가 몰려왔습니다. 하지만 아들은 모자 덕분에 무사할 수 있었습니다.

아들은 땅꼬마를 품고 밤새 달아났습니다. 아침 무렵이 되자, 어떤 동굴 앞에 다다랐습니다. 땅꼬마가 말했습니다.

"여기서 내려 줘. 너를 부자로 만들어 줄게. 나를 따라와."

땅꼬마는 아들을 동굴 안으로 데리고 들어가더니 어느 바위 벽에 이르러서는 바위 벽을 세 번 두드리면서 외쳤습니다.

"열려라, 바위 문! 손님을 데리고 왔으니 빨리 열려라!"

'그르릉' 하고 바위 문이 열리자 땅꼬마가 말했습니다.

"우리 형제들이 너를 볼 수 있게 모자를 벗어."

아들은 모자를 벗고는 땅꼬마를 따라 나무로 된 아름다운 방으로 들어갔습니다.

또 쇠로 된 방을 지나 은으로 된 방으로 들어갔습니다. 은으로 된 방에는 은으로 된 많은 물병이 세워져 있었습니다.

다시 어느 문을 지나 이번에는 금으로 된 방으로 들어갔습니다.

금으로 된 방에는 땅꼬마 부족의 임금과 땅꼬마 백성들이 모여 있었습니다. 땅꼬마 임금도 아주 작았는데, 은빛 나는 긴 수염이 있었습니다.

땅꼬마는 아들을 임금에게 데리고 가서 말했습니다.

"임금님, 산속의 두꺼비 요정이 저를 죽이려고 했는데, 이 젊은이가 저를 구해 주었습니다."

임금이 아들에게 말했습니다.

"음, 내 충성스러운 신하를 구해 주다니. 이렇게 고마울 수가 있나. 보답으로 행복의 선물을 주마."

임금은 은빛 수염 한 올을 뽑아 아들에게 주면서 말했습니다.

"큰 어려움이 닥치면 이 수염을 불게나. 내가 백성들과 함께 도우러 나타날 게야."

또 임금은 아들을 은으로 된 방으로 데리고 갔습니다. 아들에게 은 물병 한 개를 주며 말했습니다.

"이 물병의 물로 돌을 적시면 금방 황금이 될 것이야. 게다가 아무리 써도 물은 줄어들지 않을 것이네."

임금은 다시 아들을 쇠로 된 방으로 데리고 갔습니다. 쇠의 방에 있는 활 하나를 주며 임금이 말했습니다.

"이 활은 겨냥만 하면 무엇이든 맞힐 수 있는 활이야. 그럼 이제 헤어져야겠네. 사람은 이곳에서 오랫동안 머물러서는 안 되거든."

아들은 땅꼬마의 안내를 받아 동굴 밖으로 나왔습니다.

땅꼬마 부족의 임금은 땅꼬마를 구해 준 보답으로 아들에게 은빛 ❹ ______ 한 올, 은 물병 한 개와 활을 주었습니다.

"친구, 이 길을 따라가다 보면 유리 산에 도착하게 될 거야. 거기에는 용 한 마리가 살고 있는데, 세상에서 가장 아름다운 아가씨 세 명을 데리고 있다네. 만약에 말이야, 그곳에서 무슨 일이 생기면 꼭 우리를 불러. 그럼 잘 가."

땅꼬마는 아들의 뺨에 뽀뽀를 세 번 하고는 동굴 안으로 들어갔습니다.

그때였습니다. 꽃이 아들을 불렀습니다.

"나를 꺼내!"

아들은 다시 떠가는 꽃을 따라갔습니다. 저녁 무렵에 어떤 호수에 다다랐습니다. 아들은 호숫가에 누웠습니다. 그런데 그 호수에는 세 마리 거위가 헤엄을 치고 있었습니다.

아들은 땅꼬마 임금이 준 활을 꺼내 가장 작은 거위를 겨냥했습니다. 두 마리의 거위는 깜짝 놀라 도망을 쳤고, 가장 작은 거위가 화살을 맞았습니다. 가장 작은 거위는 아리따운 아가씨로 변했습니다.

"저를 다시 사람으로 만들어 주셔서 정말 고마워요. 유리 산에 사는 용이 저와 두 언니를 거위로 만들어 버렸답니다. 두 언니들의 마법도 풀어 주신다면 기꺼이 당신의 아내가 되겠습니다."

거위 아가씨가 말했습니다.

다음 날, 거위 아가씨와 아들은 유리 산을 찾아갔습니다. 아들은 꽃을 주머니에 집어넣고, 땅꼬마 임금의 은빛 수염을 꺼내 불었습니다.

그러자 어디선가 수천 명의 땅꼬마가 나타났습니다.

"반갑군, 친구. 저 유리 산에 들어가고 싶은 거지? 우리가 도와줄게."

땅꼬마들은 망치와 곡괭이로 유리 산을 두들겨 굴을 뚫기 시작했습니다. 금방 유리 산에 커다란 굴이 뚫렸습니다. 일이 끝나자 땅꼬마들은 올 때처럼 갑자기 사라졌습니다.

그런데 갑자기 유리 산 안이 시끌벅적하더니 거위 두 마리가 밖으로 날아 올랐습니다. 아들은 얼른 활을 들어 거위를 겨냥했습니다. 그러자 화살을 맞은 거위들은 땅으로 떨어져 아름다운 아가씨로 변했습니다.

뒤이어 유리 산의 용도 나타나 아들에게 달려들었습니다. 아들은 침착하게 다시 활을 들어 용을 겨냥했습니다. 화살을 맞은 용은 '펑' 소리와 함께 먼지와 연기로 변하더니 바람에 날려 멀리멀리 사라져 버렸습니다.

어느새 주머니에서 나온 푸른 꽃이 말했습니다.

"아들아! 나는 엄마의 영혼이란다. 이제는 하늘 나라로 다시 돌아가야만 해. 부디 행복하게 잘 살아라!"

그 뒤, 아들은 막내 거위 아가씨와 결혼도 하고, 황금을 만들어 주는 은 물병 덕분에 부자가 되어 행복하게 살았습니다.

푸른 꽃은 아들의 행복을 비는 어머니의 ❺ ______ 이었습니다.

글을 읽고, 물음에 답해 보세요.

1 어머니는 왜 아들이 불쌍하다고 생각했나요? (   )

① 밤낮으로 일만 해서
② 아들이 병에 걸려서
③ 가난 때문에 학교에 가지 못해서
④ 자신이 죽으면 아들 혼자 세상에 남게 되어서

2 아들이 늑대에게 어떤 도움을 주었는지 알맞게 말한 친구의 이름을 쓰세요.

선우: 발에 박힌 가시를 빼 주었어.
태윤: 귀에 들어간 벌을 꺼내 주었어.
예찬: 배고픈 늑대에게 먹을 것을 주었어.

✎ ____________

3 아들은 왜 주머니에서 꽃을 꺼냈는지 알맞은 것에 ○표 하세요.

(1) 꽃이 너무 예뻐 보였기 때문에 (   )
(2) 혼자 있는 게 무서웠기 때문에 (   )
(3) 여기저기를 떠도느라 너무 지치고 울적해졌기 때문에 (   )

4 아들이 마녀의 집에서 한 일이 아닌 것은 무엇인가요? (   )

① 마녀의 모자를 빼앗아 도망쳤다.
② 늑대들과 함께 금뿔 암소를 지켰다.
③ 마녀의 머슴이 되어 집 안 구석구석을 청소했다.
④ 사흘 동안 금뿔 암소를 데리고 풀밭으로 나가 풀을 먹였다.

5 땅꼬마는 왜 아들을 동굴 안으로 데리고 갔나요? (   )

① 마녀의 모자를 빼앗으려고
② 아들을 부자로 만들어 주려고
③ 동굴 안에 새집을 마련해 주려고
④ 잠을 깨운 것이 미안해 잠자리를 제공해 주려고

6 땅꼬마 부족의 임금이 아들에게 은빛 수염 한 올과 은 물병, 활을 준 까닭으로 알맞은 것을 두 가지 고르세요. (   )

① 아들이 어려울 때 도와주기 위해서
② 아들을 땅꼬마 부족으로 삼고 싶어서
③ 자신의 신하인 땅꼬마를 구해 준 것에 보답하고 싶어서
④ 자신이 어려울 때 다시 아들을 부를 수 있게 하기 위해서

7 유리 산을 찾은 아들이 어떻게 용을 물리쳤는지 순서대로 번호를 쓰세요.

(1) 활을 들어 용을 겨냥해 맞추었다. (   )
(2) 땅꼬마 임금이 준 은빛 수염을 꺼내 불었다. (   )
(3) 땅꼬마들이 나타나 망치와 곡괭이로 유리 산을 두들겨 굴을 뚫었다. (   )

8 어머니의 영혼이었던 푸른 꽃이 아들에게 가져다준 것은 결국 무엇이었는지 알맞은 것의 기호를 쓰세요.

㉮ 행복	㉯ 나라	㉰ 권력	㉱ 명예

읽은 후

생각 정리

1 『행복의 꽃』에서 아들이 세상을 떠돌면서 누구를 만났고, 어떤 일이 있었는지 생각하며 빈칸에 알맞은 내용을 쓰세요.

③
④
⑦ 유리 산을 찾아가 용과 싸우
고 거위 아가씨의 두 언니를 구해
주었다.

읽은 후

생각 넓히기

1 어머니는 죽기 전에 아들을 위해 무엇을 생각하고 어떤 계획을 세웠을지 이야기 속 어머니의 입장이 되어 쓰세요.

아들이 겪은 일들이 어머니의 바람이 담긴 계획된 일이라고 가정하고, 아들이 부자가 되고 가정을 이루게 된 과정을 정리해 보세요.

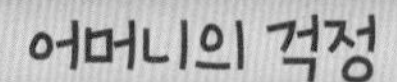

어머니의 바람

어머니의 걱정		어머니의 바람
아들이 혼자 살게 되는 것	→	아들이 가정을 이루고 살기를 바람.
아들이 가난한 것	→	아들이 부자로 행복하게 살기를 바람.

① 죽어서 무덤에 꽃으로 다시 피어난다.

② ______________________________

③ ______________________________

④ 모든 일을 끝내고 하늘 나라로 돌아간다.

2 이야기의 끝부분에서 어머니의 영혼이 하늘 나라로 돌아간 뒤 아들의 마음은 어떠했을까요? 행복할지 불행할지 생각을 정하고, 생각을 뒷받침하는 까닭을 쓰세요.

●●●
아들의 입장이 되어 이야기의 마지막 부분에서 어떤 마음이 들었을지, 그런 마음이 든 까닭은 무엇일지 생각해 보세요.

3 아들이 세 가지 보물로 이야기에 나온 다른 사람들도 행복하게 해 주려고 해요. 세 가지 보물을 누구에게 어떻게 쓰면 좋을지 쓰세요.

•••
이야기 속 인물 중 다른 사람의 눈에 보이지 않게 되는 모자, 무엇이든 맞힐 수 있는 활, 돌을 황금으로 바꾸어 주는 물이 담긴 물병을 활용해서 도움을 줄 수 있는 인물을 생각해 보세요.

4 **나는 어떤 보물을 갖고 싶나요? 내가 바라는 보물을 그려 보고, 갖고 싶은 까닭도 쓰세요.**

먼저 내가 소망하는 일이나 나에게 생겼으면 하는 마법 같은 일을 떠올려 보세요. 그리고 그 일이 이루어지려면 무엇이 필요할지 생각해 보세요.

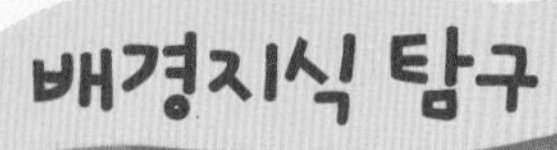

목화에 담긴 애틋한 전설을 아시나요?

문익점이 원나라에 사신으로 파견 갔다가 귀국할 때 목화씨를 얻어 붓 통에 몰래 넣어 가지고 오면서 우리나라에서도 목화 재배가 시작되었는데, 이 목화의 꽃말이 바로 '어머니의 사랑'이랍니다.

목화에는 꽃에 얽힌 전설이 있는데, '모노화'라는 여성의 이야기입니다.

중국의 어느 마을에 모노화라는 아름다운 미모를 지닌 여인이 살았습니다. 그녀의 아름다움에 반해 많은 남자들이 청혼했지만 모노화는 모두 거절하고 평소에 좋아하던 동네 상인과 결혼했습니다. 두 사람은 딸까지 낳고 행복한 나날을 보냈지요.

그러던 어느 날, 전쟁이 일어났고 전쟁터에 나가게 된 모노화의 남편은 전쟁 중 세상을 떠났습니다. 나라는 망하고, 굶주림에 지친 모노화는 딸을 살리기 위해 할 수 없이 자신의 살을 도려내 딸에게 먹이며 하루하루를 버텼습니다. 그러나 살을 도려낸 자리에서는 피가 계속 흘렀고, 고통과 굶주림 속에 모노화 역시 죽고 말았습니다.

이를 알게 된 동네 사람들은 그녀를 안타깝게 여겨 장례를 치르고 묻어 주었는데, 얼마 후 모노화의 무덤에서 새싹이 하나 나왔습니다. 이 새싹이 자라면서 꽃이 피고 열매가 맺혔는데 열매가 터지면서 그 안에서 부드러운 솜이 나왔습니다.

죽어서도 혼자 남은 딸을 걱정한 모노화가 따뜻한 솜을 보낸 것이라고 생각해서 모노화의 이름을 따서 '모화'라고 부르다가 '목화'가 되었다고 합니다.

▲ 목화

이런 책도 있어요

맷 제임스, 『행복한 장례식』, 책빛, 2020
이순원, 『어머니의 이슬털이』, 북극곰, 2013
이모식, 『신화와 전설로 피어난 꽃들』, 한국톨스토이, 2014

자유롭게 생각해 봐요! **창의력 테스트**

[난이도 : 상 중 하]

★ '해시태그'는 누리 소통망 서비스(SNS)에서 '#' 기호를 붙여서 그 글의 주제나 내용이 무엇인지 나타내는 역할을 합니다. 나를 가장 잘 나타낼 수 있는 간단한 해시태그를 생각해, 열 개를 쓰세요.

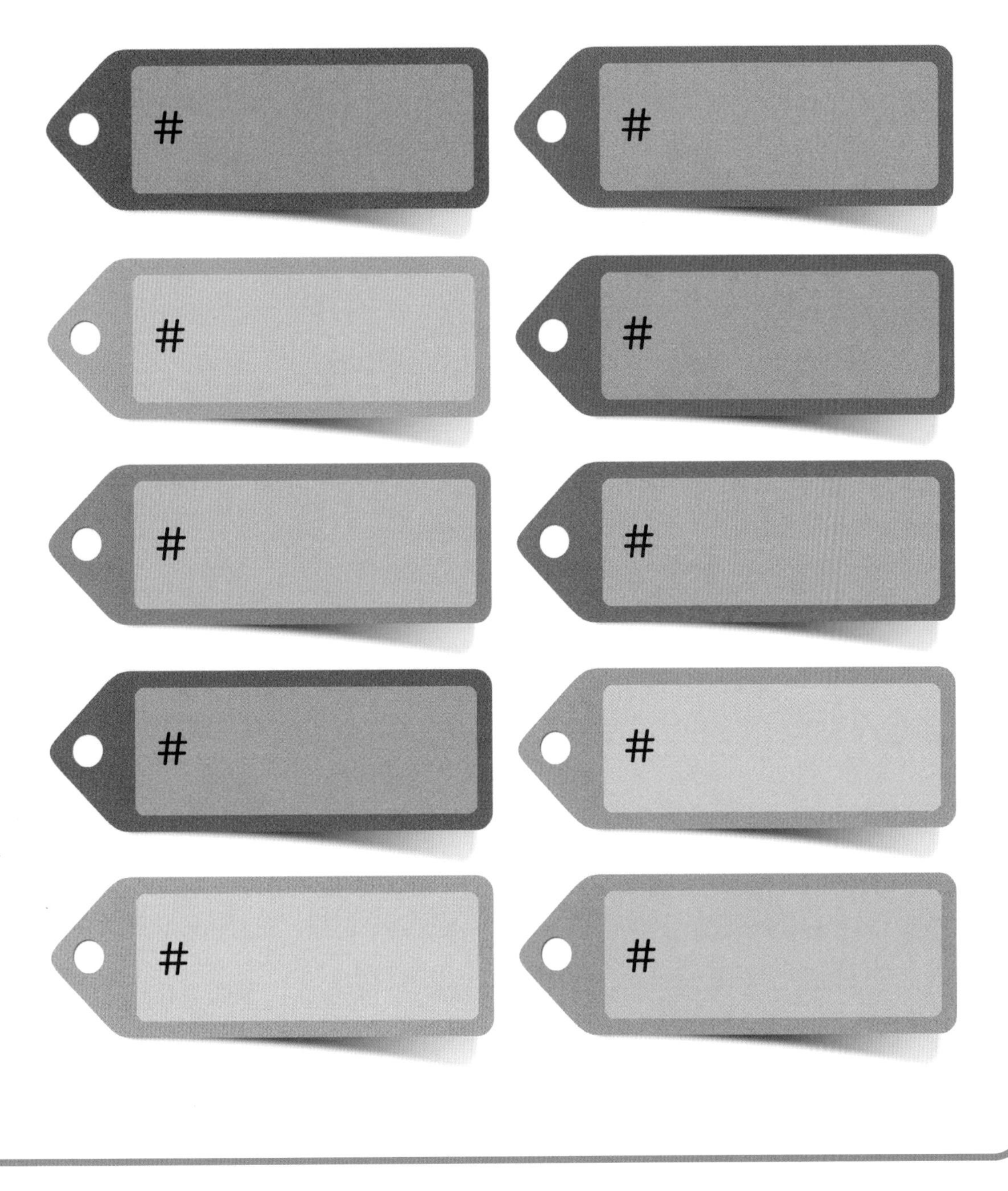

• 정답은 가이드북 13쪽을 확인하세요.

설명문 언어, 사회

독서논술계획표

- 다음 단계에 맞게 공부한 날짜를 쓰세요.

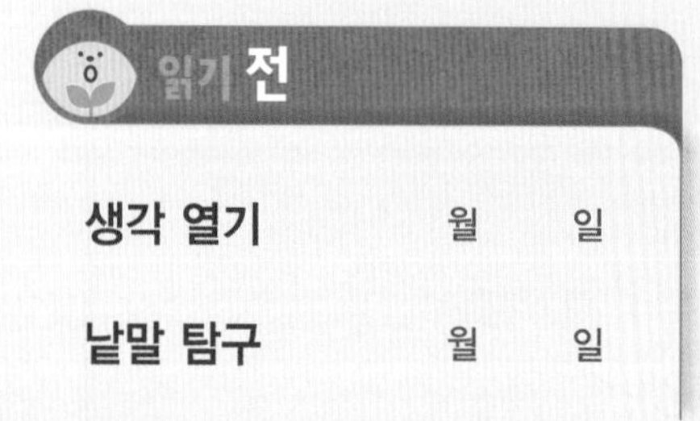

읽는 중

생각 쌓기 월 일

내용 확인 월 일

읽은 후

생각 정리 월 일

생각 넓히기 월 일

독서 노트 월 일

세상에 이런 한자가

읽기 전

생각 열기

1 **한자는 어떤 글자인지 생각해 보고, 한자에 대해 바르게 설명한 것을 찾아 ∨표 하세요.**

•••

한자의 특징을 생각해 보고, 한글과 다른 점은 무엇인지 알아보세요.

중국에서 들여왔다.	☐	세종 대왕이 만들었다.	☐
모양이 간단한 편이다.	☐	모양이 간단한 것부터 복잡한 것까지 있다.	☐
읽는 소리를 따로 익혀야 한다.	☐	글자를 보면 바로 읽을 수 있다.	☐
누구나 쉽게 익힐 수 있다.	☐	글자 수가 무척 많다.	☐
✦자전에서 찾을 수 있다.	☐	국어사전에서 찾을 수 있다.	☐

✦**자전:** 한자를 모아서 일정한 순서로 늘어놓고 글자 하나하나의 뜻과 음을 풀이한 책.

2 다음 족자에 쓰인 것을 살펴보고, 물음에 답해 보세요.

•••
족자에 쓰인 것이 기호처럼 생겼지만 한자일 수도 있고, 한자처럼 생겼지만 한자가 아닐 수도 있어요.

족자에 쓰인 것 중 한자가 아니라고 짐작되는 것에 ○표 해 보세요.

양의 뿔이 벌어진 모양을 본뜬 한자가 있답니다. '양뿔 개'라 읽는 이 한자를 족자에서 찾아 쓰세요.

읽기 전 ㄱㅎ

낱말 탐구

1 팻말에 적힌 낱말을 보고, 보기 에서 서로 관계가 있거나 함께 쓰일 수 있는 낱말을 찾아 빈칸에 쓰세요.

보기			
	넘치다	깨닫다	보내다
	치다	찾아보다	쓰다

2 낱말의 뜻풀이를 보고, 빈칸에 알맞은 낱말을 보기 에서 찾아 쓰세요.

보기	희한	자잘	멀쩡	기발	신성	이상

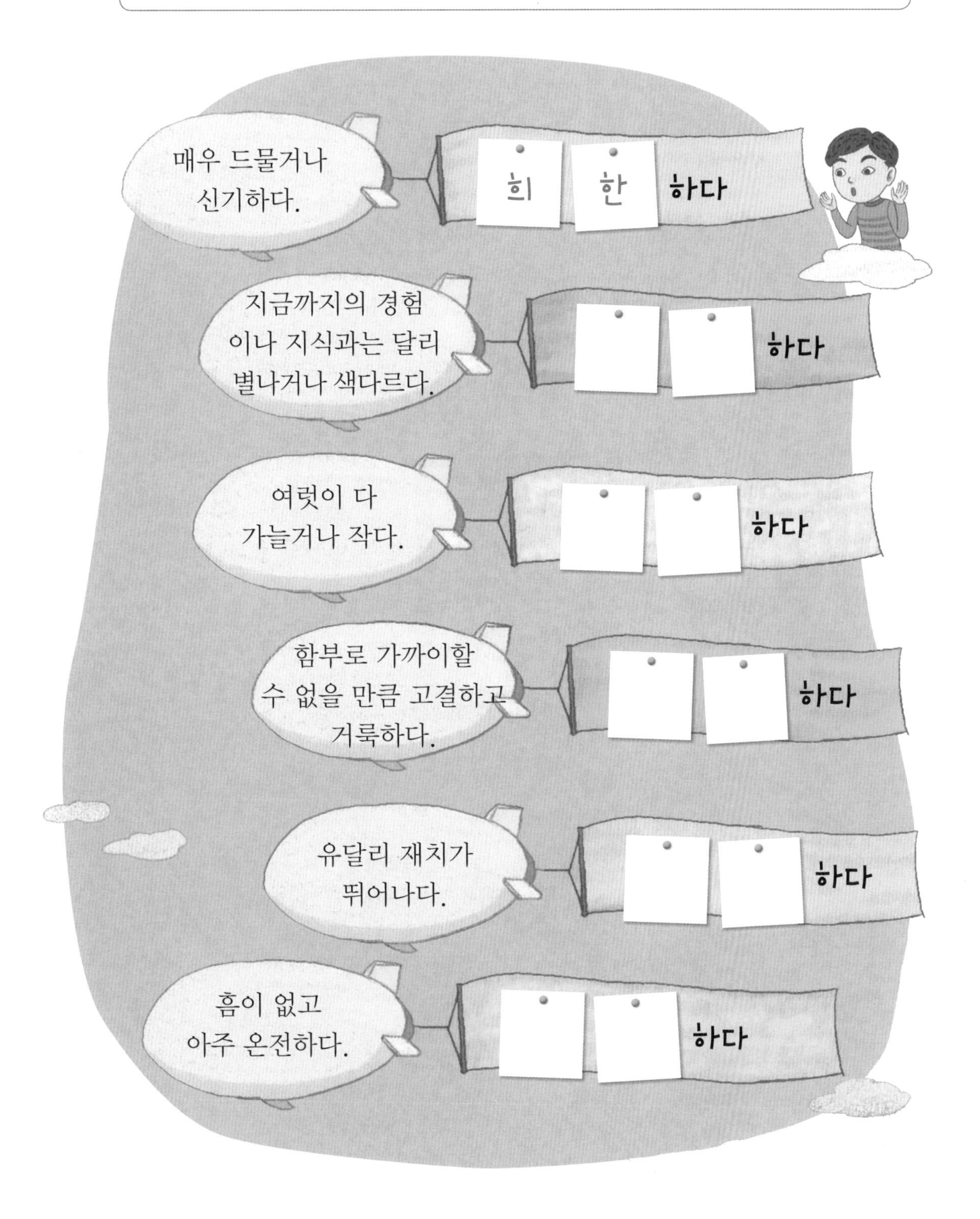

읽는 중 생각 쌓기

한자의 특징과 한자가 만들어진 짜임을 알아보며 다음 글을 읽어 보세요.

세상에 이런 한자가

우리의 국어사전과 같은 중국의 '한어대자전'에는 모두 54,665자의 한자가 실려 있다고 한다.

하루에 10자씩 익힌다고 해 보자. 그런다 해도 모두 익히려면 ✦어림잡아도 10년은 넘게 걸린다. 또 한 글자를 익히려면 소리, 모양, 뜻을 함께 외워야 하기 때문에 ✦여간 까다로운 노릇이 아니다. 게다가 지금도 만들어지는 한자가 있다고 하니 한자를 모조리 배운다는 것은 어림없는 일인 것 같다.

✦오죽하면 중국 사람들조차도 흔히 쓰는 2천여 자를 따로 정해, 그 모양을 간단하게 고쳐 쓸까.

우리나라도 마찬가지여서 자주 쓰는 한자어를 이루는 한자를 따로 정해 익히게 하고 있다.

✦**어림잡아도:** 대강 짐작으로 헤아려 보아도.
✦**여간:** (주로 '~아니다'와 같은 부정의 의미를 나타내는 말과 함께 쓰여) 그 상태가 보통으로 보아 넘길 만한 것임을 나타내는 말.
✦**오죽하면:** 정도가 매우 심하거나 대단하면.

한자가 이렇게 많다 보니 별의별 한자가 다 있다. 설마 이것도 한자일까 싶을 정도로 모양이 이상한 것도 많다. 그 뜻이 배를 잡고 웃을 만큼 희한한 것 또한 셀 수도 없이 많다. 세상에 사람이 많다 보니 별 사람이 다 있는 것과 같은 이치다.

물론 그런 한자들은 한 번 보기도 어렵다. 일상생활에서 쓸 일이 없기 때문이다. 하지만 그런 글자들을 가만히 살펴보면 즐겁기만 하다. 특히 보이지 않는 뜻을 어떻게 이렇게 그려 낼 수가 있을까 싶을 땐 저절로 무릎을 탁 치게 된다.

그 재치와 기발함이 재미있기만 하다. 마치 독특한 사람을 만나면 재미있는 것처럼 말이다.

자, 그럼 그 즐겁고 재미있는 한자와 그 속의 재치와 기발함을 만나 보자.

우리의 국어사전과 같은 중국의 ❶ ______________ 에는 모두 54,665자의 한자가 실려 있다고 한다.

작은 눈, 큰 눈, 짝눈?

음: 구 **뜻:** 두리번거리다 **부수:** 목(目)

이 한자는 '구'라고 읽는다. 한자의 재미를 물씬 느끼게 하는 글자 중의 하나다. 그 짜임새를 보자. '目(눈 목)' 자 두 개를 쓴 것이라는 것을 한눈에 알 수 있다.

원래 '目'은 사람의 눈, 그러니까 눈꺼풀 가장자리와 그 속에 있는 또렷한 눈동자를 그린 것을 세로로 세워 지금과 같은 글자 모양이 되었다. 종이가 없던 먼 옛날에는 대나무 쪽에 글자를 썼는데, 이 대쪽이 납작하고 길어서 가로가 긴 모양의 글자는 으레 세로로 세워 썼던 것이다. 그래서 본래 가로가 긴 눈 모양의 이 한자가 세로로 선 꼴이 된 것이다. '目' 자를 뉘어 놓고 보면 눈 모양이 잘 드러난다.

아무튼 '䀠' 자는 '目' 두 개를 딱 붙여 놓은 것이다.

한자가 같은 글자 두 개로 이루어졌다면 으레 그것이 둘이거나 그것을 반복한다는 뜻이다.

이 한자도 마찬가지다. 눈이 둘이라는 뜻이다. 하지만 애꾸눈이 아닌 다음에야 눈이 두 개인 것이 당연한데 왜 쓸데없이 두 글자를 붙여 놓았을까?

혹시 글자의 모양을 꼼꼼히 살펴보고, 한쪽 '目' 자가 작으니 눈 크기가 다른 '짝눈'을 가리키는 말이 아니냐고 한다면…….

그냥 웃고 말겠다. 하지만 그 재치만은 칭찬해 주고 싶다.

조금 다르게 생각해야 한다. 이때의 '目'은 보는 것을 뜻한다. '본다'는 뜻을 '눈'으로 대신 나타낸 것이다. 그렇다면 두 번 보는 것, 이쪽저쪽 눈을 돌려가면서 돌아보는 것인 셈이다. 두리번두리번, 이쪽저쪽을 번갈아 돌아보는 모습을 나타낸 것이다. 그래서 이 한자의 뜻은 '두리번거리다'이다.

정말인지 아닌지 자전을 뒤지고, 인터넷을 검색하면서 두리번두리번하지 마시라. 괜히 눈과 목만 아플 것이다.

같은 글자 두 개를 붙여 만든 '䀠'는 ❷ '..............................'라는 뜻을 가진 한자이다.

까마귀 잡아먹는 물고기

음: 오 **뜻:** 오징어 **부수:** 어(魚)

'까마귀를 잡아먹는 물고기'라니, 도대체 어떤 물고기이기에 까마귀를 잡아먹을까?

『자산어보』라는 책이 있다. 조선 시대의 학자 정약전이란 분이 쓴 책이다. 이 양반이 전라도의 흑산도라는 섬으로 귀양을 갔는데, 근처 바다의 온갖 고기를 살펴보고 지은 책이다. 이 책에 까마귀 잡아먹는 물고기에 대한 이야기가 나온다.

이 물고기는 매일 죽은 척하고 바닷물 위에 동동 떠 있다가 까마귀라는 놈이 죽은 물고기인 줄 알고는 달려들어 부리로 톡 쪼면, 긴 다리로 잽싸게 까마귀를 감아 물속으로 끌고 들어가서는 맛나게 먹는단다.

물고기가 새를 잡아먹어?

게다가 다리까지 있다고?

갈수록 이상해지는 이야기다.

자산어보

1814년 정약전에 의해 쓰여진 어류백과사전과 같은 책으로, 총 3권으로 이루어져 있습니다. 이 책에는 흑산도 근처의 수산동식물 155종에 대한 명칭 · 분포 · 형태 · 습성 및 이용 등에 관한 사실이 기록되어 있습니다.

책명에서의 '자산'은 '흑산'이라는 뜻입니다.

대체 어떤 물고기이기에…….

이 물고기는 다름 아닌 오징어다.

오징어는 예로부터 여러 가지 이름으로 불렸다. 그 이름 중 하나가 『자산어보』에 실린 '오적어(烏賊魚)'다. 지금의 '오징어'란 이름도 이 오적어가 변한 것이다.

한줄톡! 「자산어보」라는 책에는 까마귀를 잡아먹는 물고기에 대한 이야기가 나오는데, 이 물고기는 다름 아닌 ❸ ________________ (이)다.

정약전(1758~1816)

조선 후기의 문신이자 실학자로, 다산 정약용의 형이기도 합니다.

정약전은 천주교를 믿기 시작한 뒤 천주교 전도에 힘썼으나 천주교도 탄압이 있었던 때 흑산도로 유배되었습니다. 그 때에도 지역 주민들에게 천주교를 전도하려고 했고, 복성재라는 서당을 지어 청소년들을 가르치기도 했습니다.

'오적어(烏賊魚)'의 한자를 풀어 보면 까마귀 오(烏), 도둑 적(賊), 물고기 어(魚), 곧 '까마귀 잡아먹는 도둑 물고기'란 뜻이다. 하지만 정말 오징어가 까마귀를 잡아먹었을까?

그것은 사실이 아니다. 오징어가 육식성이기는 하지만 새를 먹지는 못한다. 오징어는 작은 물고기나 새우, 게 등을 잡아먹는다.

오징어는 위험을 느끼면 먹물을 내뿜고 먹물 속으로 몸을 숨겨 달아나는데, 아마 그 먹물이 새까만 까마귀를 떠올리게 해서 지어낸 이야기일 것이다. 그리고 이 오적어란 이름에 얽힌 이야기가 재미있어서 책에도 실어 놓은 것이겠다.

'鰞'는 바로 이 오징어를 뜻하는 한자다. 오징어라는 녀석이 까마귀처럼 새카만 먹물을 뿜어내는 물고기라는 데서, '魚(물고기 어)'와 '烏(까마귀 오)'를 어울려 만든 한자다. 읽기도 '烏'와 같이 '오'로 읽는다.

'마' 자라고 넘겨짚지 마!

음: 계 뜻: 점치다 부수: 복(卜)

꼭 한글 '마' 자를 괴발개발 써 놓은 것 같다. 하지만 이것은 '계'라고 읽는 멀쩡한 한자다. '마'는 '口(입 구)' 자와 '卜(점 복)' 자를 어울려 놓은 것인데, 우연히 한글 '마'와 닮아 착각하기 십상이다.

'마' 자가 '입'과 '점'을 합한 것이라고 그 뜻을 '입가에 있는 점'이라고 넘겨짚지 말 것. 이때 점은 '점친다'는 뜻이다. 좀 더 자세히 말하자면 '거북점'을 말한다.

거북점은 아주 먼 옛날, 나라의 큰일을 앞두고 보던 점이었다. 그 일이 잘 될 것인지 하늘과 땅의 신령들에게 여쭈어본 것이다. 따라서 거북점은 아주 신성하고 중요한 뜻을 가진 의식이었다. 그래서 점괘가 나오면 좋든 싫든 그대로 믿고 따랐다고 한다.

'마' 자는 '입'과 '점'을 합한 것으로, ❹ ______________ 과/와 관련 있는 한자이다.

우리나라에도 있던 거북점

거북점은 거북의 등딱지를 불에 태워서 그 갈라지는 틈을 보고 운이 좋고 나쁨을 판단하는 점으로, 우리나라에도 백제 때에 있었습니다. 의자왕 20년에 대궐 안에 귀신이 들어와 땅속으로 들어갔는데, 파 보니 거북이 있었고, 그 등에는 백제가 망하고 신라가 흥한다는 것을 예언한 글귀가 있었다고 합니다.

거북점은 거북의 등딱지로 점을 친다고 해서 거북점이라고 했는데, 그 방법은 대강 이렇다.

먼저 거북의 등딱지를 준비한다. 등딱지 안쪽에다 미리 둥글고 뾰족한 홈을 몇 개 파 놓는다. 의식이 준비되면 그 홈에 불을 붙인 나뭇가지를 끼워 꾹 누른다.

그럼 어떻게 될까? 뜨거운 열과 누르는 힘 때문에 파 놓은 홈 주위가 갈라지게 마련이다. 그러면 홈 주위로 날카롭고 자잘한 금이 생기게 되는데, 그 생긴 모양을 보고 하늘과 땅의 뜻을 읽어 내었다고 한다.

'卜(점 복)'은 바로 이 자잘한 금의 모양을 본뜬 것이다.

그럼 옆의 '口(입 구)'는 무엇일까? 바로 이 거북점의 점괘를 읽어 내는 사람의 입이다.

"천지신명이시여! 일이 잘되겠습니까, 아니 되겠습니까?"
하고 묻고 있는 사람이다.

'卜'에 나타난 신령님의 뜻을 생각하고, 마침내 "옳거니!"나 "아뿔싸!" 등 실망이나 기쁨의 점괘를 알려 주었던 것이다.

따라서 '占' 자의 뜻은 '점을 치는 사람'이란 것을 알 수 있다. 그래서 '占'는 '점칠 계', '생각할 계', '윗사람에게 알릴 계' 등으로 푼다. 한글 '마' 자라고 읽으면 안 된다.

이 한자를 한글 '마'라고 읽으면, 신령님이 이러실지도 모르겠다.

"마? 웃기지 마, 인마!"

'卜'는 거북의 등딱지에 난 자잘한 ❺ ________ 의 모양을, '口'는 점치는 사람의 ❻ ________ 의 모양을 본뜬 것이다.

글을 읽고, 물음에 답해 보세요.

1 **한자를 모두 익히는 것이 어려운 까닭으로 알맞은 것을 두 가지 고르세요.** (　　　　)

① 글자 수가 너무 많아서
② 지금은 사용하지 않는 글자여서
③ 글자 모양이 복잡한 것만 있어서
④ 글자를 익히려면 소리, 모양, 뜻을 함께 외워야 해서

2 **이상하고 희한한 한자들은 왜 한 번 보기도 어렵다고 했는지 알맞은 것에 ○표 하세요.**

(1) 여러 가지 소리로 읽히기 때문에 (　　　　)
(2) 일상생활에서 쓸 일이 없기 때문에 (　　　　)
(3) 자전에 나오지 않는 한자이기 때문에 (　　　　)

3 **'䀠'에 대한 설명으로 알맞은 것은 무엇인가요? (　　　　)**

① 음과 뜻이 같다.
② '목'이라고 읽는다.
③ 요즘에 만들어진 한자이다.
④ 같은 글자 두 개를 붙여 만든 한자이다.

4 **'鰞'의 음과 뜻을 각각 알맞게 쓰세요.**

(1) 음: (　　　　　　　　　　)
(2) 뜻: (　　　　　　　　　　)

5 오징어를 왜 '까마귀 잡아먹는 물고기'라고 했는지 알맞게 짐작한 것의 기호를 쓰세요.

㉮ 오징어의 색이 검은 빛이기 때문일 것이다.
㉯ 오징어가 검은 먹물을 뿜어내기 때문일 것이다.
㉰ 오징어가 까마귀를 잡아먹는 것을 보았기 때문일 것이다.

✎ ____________

6 '마'는 어떤 글자로 이루어졌는지 두 가지 고르세요. (　　　　　)

① 口　　② 下　　③ 卜　　④ 日

7 '마'의 뜻으로 알맞은 것에 ○표 하세요.

(1) 점친다는 뜻이다. (　　　)
(2) 마지막이라는 뜻이다. (　　　)
(3) 입가에 있는 점을 뜻한다. (　　　)

8 '마'는 어떻게 읽어야 하는지 알맞게 말한 친구의 이름을 쓰세요.

민주: '마'라고 읽어야 해.
윤아: '계'라고 읽어야 해.
서현: '점'이라고 읽어야 해.

✎ ____________

읽은 후

생각 정리

1 『세상에 이런 한자가』의 내용을 생각하며 빈칸에 알맞은 한자의 뜻을 쓰고, 두 글자를 합해 만든 한자로 알맞은 것에 ○표 하세요.

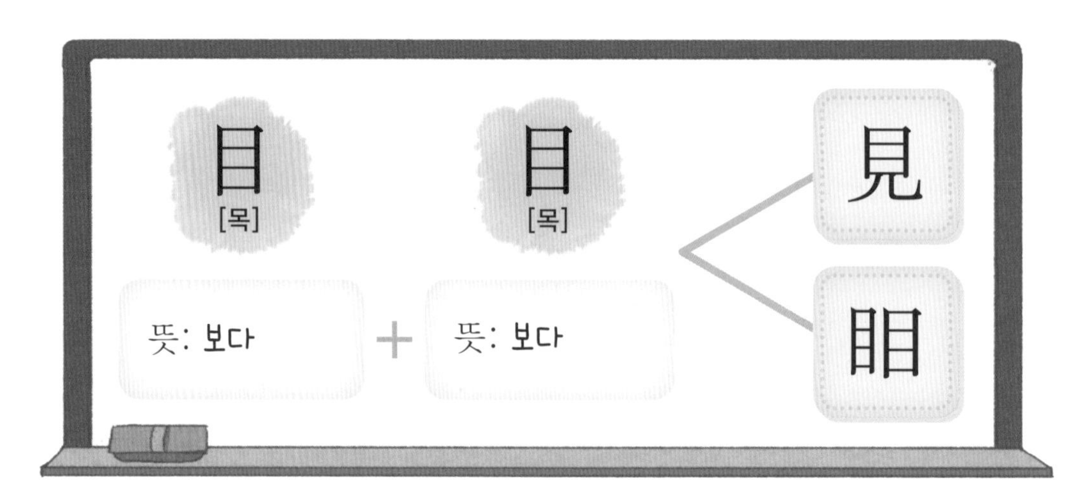

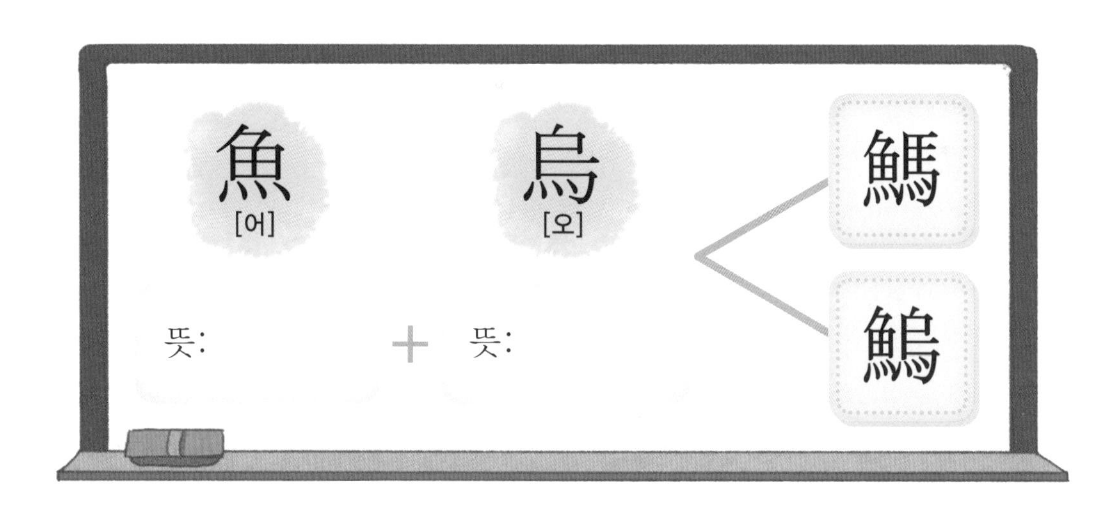

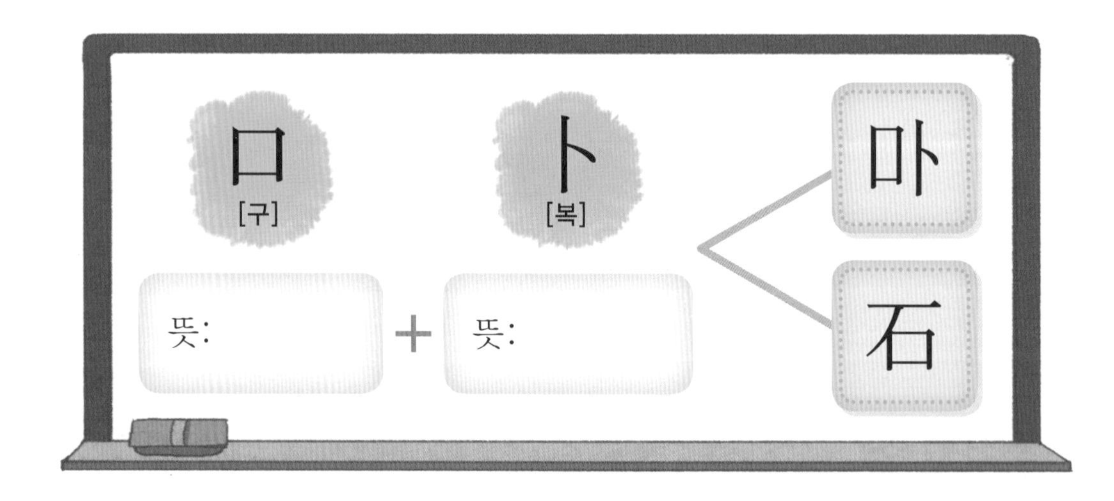

2 다음 한자의 별난 점을 보기에서 골라 빈칸에 쓰고, 그 특징을 정리해 보세요.

보기
- 뜻
- 숨은 이야기
- 짜임새나 모양

한자의 별난 점을
두 가지 이상 골라도 좋아.

별난 점	한자의 특징
짜임새나 모양	한글 '마' 자를 괴발개발 써 놓은 것 같지만 점친다는 뜻의 한자이다.

별난 점	한자의 특징

별난 점	한자의 특징

읽은 후 생각 넓히기

1 『세상에 이런 한자가』에서 설명한 한자의 뜻을 생각하면서 글에 붙여진 작은 제목들을 바꾸어 보세요.

제목은 한자의 특징을 드러낼 수 있고 글의 내용을 대표할 수 있는 것으로 정하는 것이 좋아요.

원래 제목		바꾼 제목
작은 눈, 큰 눈, 짝눈?	䀠	이쪽저쪽 번갈아 보는 두 눈
까마귀 잡아먹는 물고기	鰞	
'마' 자라고 넘겨짚지 마!	卟	

'䀠'는 두리번거리다, '鰞'는 오징어, '卟'는 점치다는 뜻이야.

2 보기의 한자를 살펴보고, 그림에서 설명하는 알맞은 한자를 찾아 ○표 하세요.

한자의 짜임을 살펴보고, 두 글자를 합하면 어떤 뜻을 가진 한자가 되는지 알아보세요.

3 다음 수수께끼에 알맞은 한자를 찾아 선으로 이으세요. 그리고 어떤 글자를 합해 만든 것인지 보기에서 찾아 쓰세요.

먼저 수수께끼에 알맞은 한자를 찾은 다음, 한자의 짜임을 살펴 어떤 글자를 합해 만든 것인지 생각해 보세요.

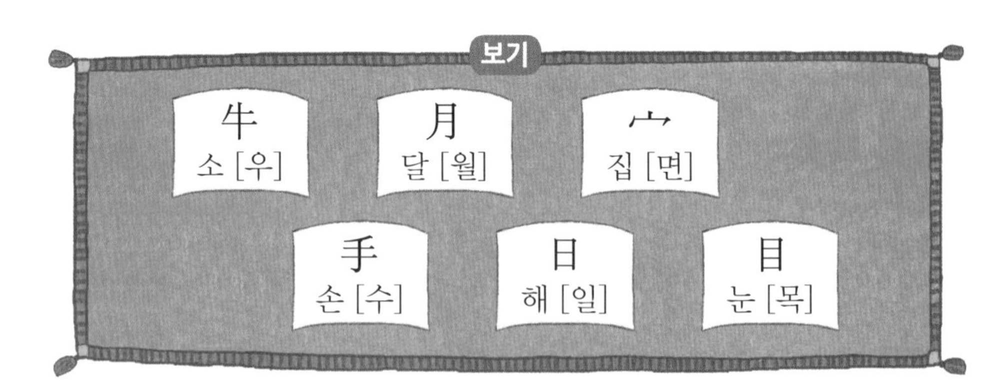

해와 달이 누가 더 밝을까 씨름하는 한자는?

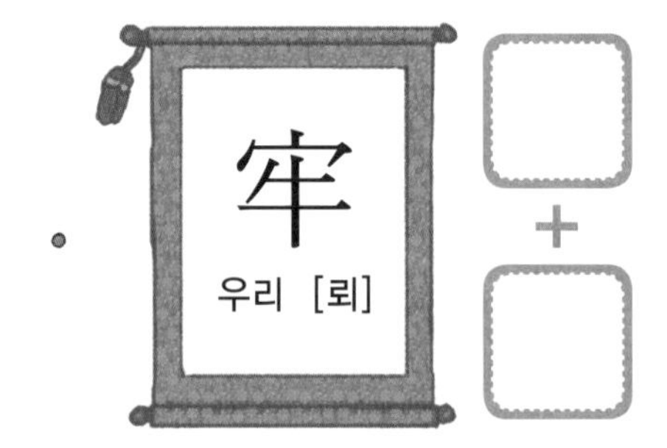

소가 지붕으로 덮인 집에 있는 한자는?

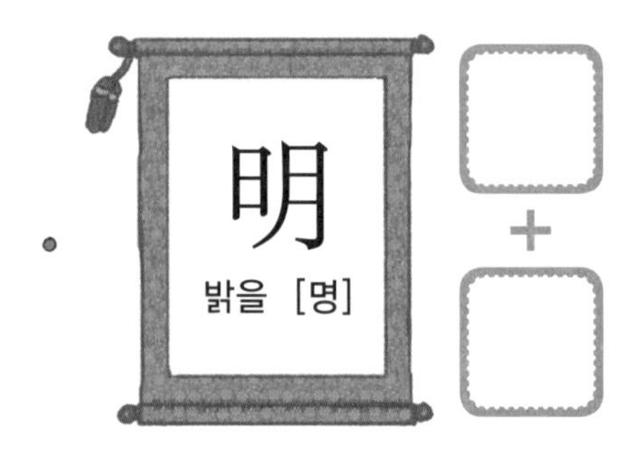

눈 위에 손을 대고 멀리 보는 한자는?

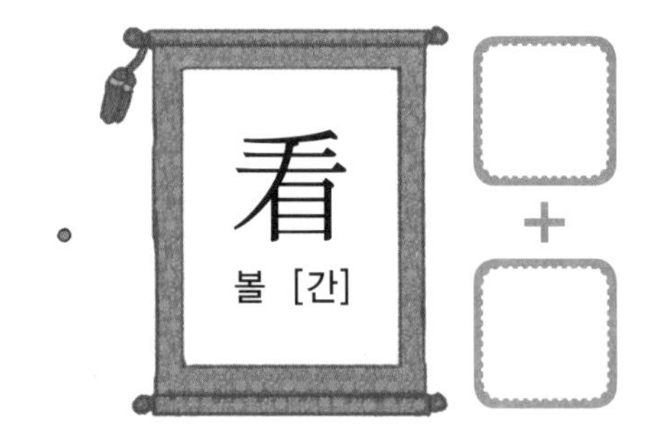

4 과거 시험에 특이한 한자의 뜻을 묻는 문제가 나왔어요. 다음 한자는 어떤 한자를 합해 만든 것인지 **보기**에서 찾아보고, 각 한자의 뜻을 짐작해서 쓰세요.

한자의 짜임을 살펴보고, 두 글자를 합하면 어떤 뜻을 가진 한자가 되는지 짐작해 보세요.

보기

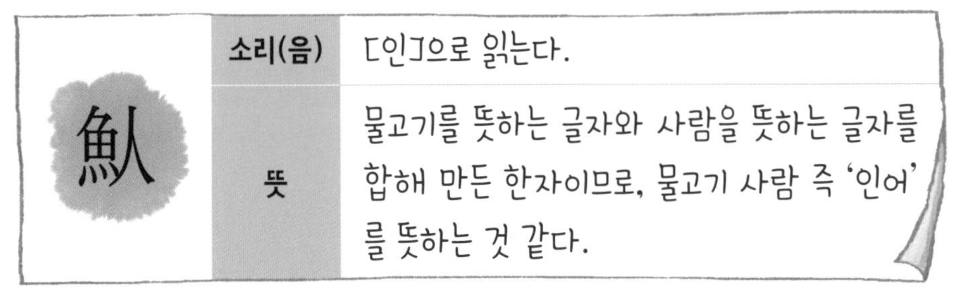

魞	소리(음)	[인]으로 읽는다.
	뜻	물고기를 뜻하는 글자와 사람을 뜻하는 글자를 합해 만든 한자이므로, 물고기 사람 즉 '인어'를 뜻하는 것 같다.

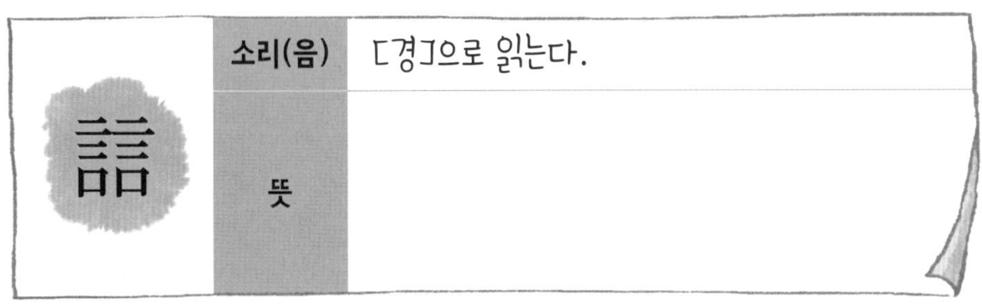

䲨	소리(음)	[경]으로 읽는다.
	뜻	

瑦	소리(음)	[옥]으로 읽는다.
	뜻	

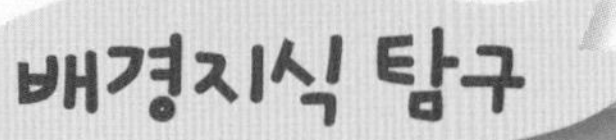

한자의 제자 원리

한자는 중국에서 만들어 오늘날에도 쓰고 있는 문자입니다. 현재 알려져 있는 글자 수는 약 5만에 이르는데 실제로 쓰이는 것은 5,000자 정도라고 합니다. 이러한 한자가 어떤 원리로 만들어졌는지 알아볼까요?

제자 원리

상형 문자	눈에 보이는 사물의 모양을 그대로 본떠 만든 글자	예 '山'은 산의 모양을 본떠서, '川'은 시냇물이 흐르는 모양을 본떠서 만듦.
지사 문자	눈으로 볼 수 없는 추상적인 생각이나 뜻을 점이나 선 등으로 나타내 만든 글자	예 '上'은 위라는 개념을 선과 점을 이용해서 나타냄.
회의 문자	둘 이상의 글자를 합하고 그 뜻도 합하여 새로운 뜻을 나타내는 글자	예 해를 뜻하는 '日'과 달을 뜻하는 '月'을 합해 밝음을 뜻하는 '明'을 만듦.
형성 문자	뜻을 나타내는 글자와 음을 나타내는 글자를 합해 새로운 뜻을 나타내는 글자	예 '洋(큰 바다 [양])'은 뜻 부분의 '水(氵)'와 음 부분의 '羊[양]'을 합쳐 만듦.
전주 문자	기존의 글자로부터 의미를 확장하여 다른 음과 뜻을 새로 만들어 나타낸 글자	예 '樂'을 음악 [악], 즐거울 [락], 좋아할 [요]라는 세 가지 뜻과 음으로 활용함.
가차 문자	본래 뜻과는 상관없이 그 음이 같거나 비슷한 글자를 빌려 쓰는 글자, 외래어를 한자로 표기할 때 주로 사용함.	예 독일(獨逸), 파리(巴里) 등이 해당함.

이런 책도 있어요

손동조, 『초등한자 304자』, 성안당, 2020
박수밀 외, 『기적의 한자 학습 기초편 1』, 길벗스쿨, 2014
안재윤, 『우리말 어휘력을 키워 주는 국어 속 한자 1』, 동양북스, 2020

알아맞혀 보세요! 난센스 퀴즈

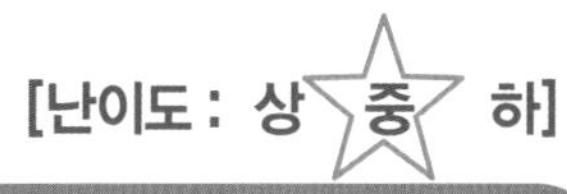

★ 다음 난센스 퀴즈의 답을 써 보세요.

1. 세상에서 가장 큰 코는?

정답:

2. 추장보다 높은 존재는?

정답:

3. 심장의 무게는?

정답:

• 정답은 가이드북 13쪽을 확인하세요.

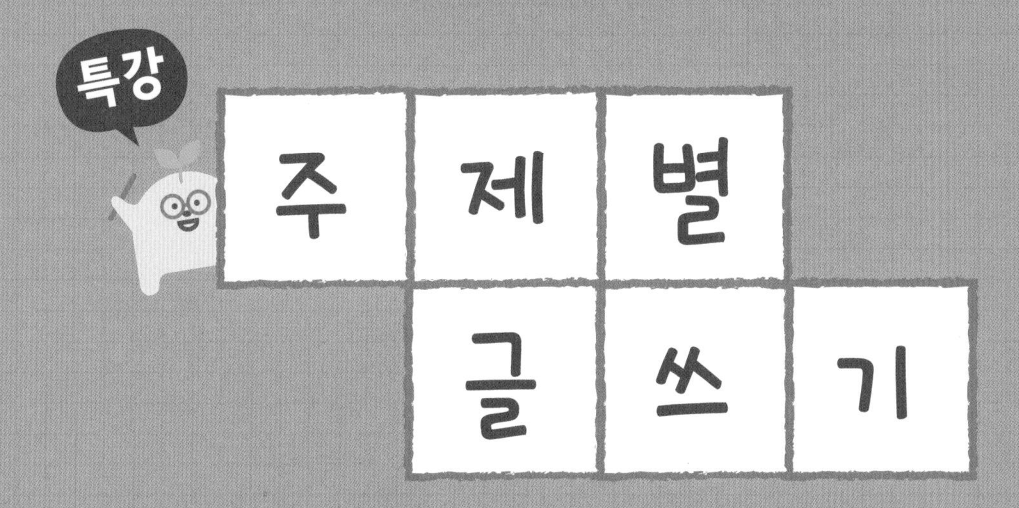
특강
주제별
글쓰기

주제 ❶ 유기견 발생을 줄일 방법은 무엇일까?

자료 읽고 생각 떠올리기 1

가 한우 농장 습격한 들개 떼

지난 28일 새벽, 제주에서 야생에 ✦유기된 개들이 한우 농장을 덮쳐 송아지를 공격하여 물어 죽인 사건이 일어났다. 목격한 사람들의 말에 따르면 한우 농가에 들개 6마리가 침입하였고, 태어난 지 3개월밖에 안 된 송아지 4마리를 물어 죽였다고 했다.

이 한우 농장의 주인이 지역 읍사무소에 신고하면서 확인된 CCTV 영상에는 당시의 심각했던 상황이 고스란히 담겨 있다.

들개 떼에게 습격을 당한 송아지들은 어미 소와 따로 떨어져 있다가 사고를 당한 것으로 파악되었다. 농장 주인은 들개 떼가 어미 소가 모여 있는 외양간을 지나 송아지가 있는 곳으로 향하여 공격했다고 증언했다.

올해 제주시에는 들개 습격으로 인한 가축 피해 사례가 빈번히 발생했는데 송아지뿐만 아니라 닭 수십여 마리도 신고됐다.

20○○년 ○○월 ○○일 ○○신문

나 고등학생 6명 다리를 문 유기견

충주에 있는 한 고등학교에서 떠돌아다니는 유기견이 고등학생 6명을 공격해 학생들의 다리를 물어 상처를 입힌 사건이 일어났다.

1일 충주소방서 등에 따르면 이날 오후 1시 33분쯤에 봉방동 모 고등학교 강당에서 들개 한 마리가 A(17) 군 등 학생 6명의 다리를 물었다고 한다. 이 사고로 A 군 등은 다리에 피부 손상을 입고 병원 치료를 받고 있으며, 크게 다친 사람은 없는 것으로 알려졌다.

학생들을 공격한 유기견은 학교 근처에서 새끼 2마리를 낳아 예민한 상태였던 것으로 전해졌으며, 신고를 받고 출동한 소방 당국에 의해 포획돼 유기견 보호 시설로 ✦인계되었다.

20○○년 ○○월 ○○일 ○○신문

다 여름이면 늘어나는 반려동물 유기

29일 오후, 강릉 경포 해변에서 길을 잃은 듯 보이는 대형견 1마리가 발견됐다. 온몸이 흰색인 이 대형견은 2시간 정도 이곳에서 방황하다가, 휴가를 즐기던 피서객의 신고로 119 구조대에 잡혔다.

신고를 받고 출동한 구조대원들은 안전을 확보하기 위해 대형견 목에 줄을 묶은 뒤, 강릉시 유기견 센터로 대형견을 인계하였다. 구조대가 대형견을 발견했을 당시 대형견의 목줄이 고의로 끊어져 있었는데, 이 점으로 미루어 구조대는 대형견의 주인이 개를 일부러 버렸을 가능성이 높다고 보았다.

반려동물 유기는 일 년 중 여름 휴가철에 크게 늘어난다. 반려동물을 키우다 어려움을 느끼거나 마음에 들지 않는 점이 발견되면서 주인들이 여름 휴가철을 맞아 멀리 여행을 가게 되는 상황을 이용해 피서지에 개나 고양이를 버리는 것이다.

20○○년 ○○월 ○○일 ○○신문

✦**유기된:** 내다 버려진.
✦**인계되었다:** 일이나 물품이 넘어가거나 넘어왔다.

1 **가**와 **나**를 읽고, 유기견으로 인해 생겨나는 문제점을 두 가지 쓰세요.

① ______________________________

② ______________________________

2 **다**와 같이 반려동물 유기가 발생하는 가장 큰 까닭은 무엇일지 쓰세요.

____

____

자료 읽고 생각 떠올리기 2

유기견에게 새 가족을 찾아 준 '도우미견 나눔 센터'

경기도에는 도우미견 · 반려견 훈련 및 입양 전문 기관인 도우미견 나눔 센터가 있다. 화성시 마도면에 위치하고 있는 이 나눔 센터는 동물 병원을 포함한 관리동 1동과 사육 시설 2동으로 이루어져 있다. 사육 규모는 110마리로 연 400마리를 분양할 수 있다고 한다.

이곳에서 훈련을 받고 입양된 유기견은 첫해 12마리를 시작으로 하여 2017년에는 200여 마리, 2018년에는 300여 마리로 해마다 꾸준히 증가하고 있다. 올해는 지난달까지 200여 마리가 입양됐고 지난달에는 '금강'(잡종)이 새 가족을 만났다고 한다.

금강이는 처음에 고양시 유기 동물 보호소에서 보호를 받다가 지난달에 도우미견 나눔 센터로 인계되었다. 이후 이곳에서 질병 검사를 받고 백신 접종을 했으며, 생활에 필요한 기본 복종 등의 훈련을 마치고 입양되어 새 가족을 만나게 됐다. 금강이를 입양한 ○○○ 씨는 "위생적으로 관리하고 기본 훈련을 교육시켜 입양 보낸다는 점이 신뢰가 갔다. 앞으로 잘 키우겠다."라고 말했다.

도우미견 나눔 센터는 보호 시설에서 보호 중인 유기견들 중에서 사회성이 좋은 개를 뽑아 건강을 위한 치료와 생활에 필요한 기본 훈련을 시키고, 도우미견이나 반려견으로 새로운 삶을 시작할 수 있게 새 가족을 찾아 주고 있다. 도우미견 나눔 센터를 거친 입양견들은 모두 담당 수의사와 훈련사가 지정되어 있다. 그래서 보호자들은 입양 전 필요한 교육뿐만 아니라 입양 후에도 질병이나 훈련 등 양육과 관련된 상담을 받을 수 있다고 한다.

또 도우미견 나눔 센터는 알레르기 문제나 자신감 부족 등으로 유기견 입양을 망설이는 사람들을 위해 지난해부터 '임시 보호제'를 도입했다. 입양 확정 ✦유예 기간을 두어서 데려간 개가 잘 적응하지 못하는 등 문제가 생긴 경우 2주 이내에 센터로 다시 보내 주면 된다.

20○○년 ○○월 ○○일 ○○신문

✦**유예:** 일을 결정하고 실행하는 데 날짜나 시간을 미룸. 또는 그런 기간.

3 이 기사에 나온 도우미견 나눔 센터는 어떤 곳인지 간단히 정리하여 쓰세요.

4 이 기사에 나온 도우미견 나눔 센터의 장점을 정리하여 두 가지만 쓰세요.

①

②

5 도우미견 나눔 센터에서 도입한 '임시 보호제'의 내용을 간단히 정리하고 이와 같은 제도를 도입한 까닭을 생각하여 쓰세요.

'임시 보호제'의 내용	
'임시 보호제'를 도입한 까닭	

다양한 의견 알아보기

유기견 발생을 줄일 수 있는 방법은 무엇일까?

반려동물 등록제를 철저히 지키면 좋을 것 같아. 3개월령 이상의 동물을 반드시 등록시켜 놓으면 유기도 방지되고, 사고나 실수로 잃어버린 경우에도 좀 더 쉽게 찾을 수 있어.

개를 키울 때 가족이라고 생각하고 생명에 대한 책임감을 갖고 키우면 좋겠어. 여러 가지 제도를 도입하는 것보다 제일 중요한 것은 동물을 대하는 마음가짐이라고 생각하기 때문이야.

개를 반려동물로 삼고 싶을 때 개를 사는 게 아니라 보호 시설에 보호 중인 유기견을 입양하면 좋겠어. 유기견 보호소에 가면 버려진 개들이 많다고 해. 그곳에서 나의 가족이 될 개를 찾는다면 서로에게 좋지 않을까?

6 친구들은 무엇에 대해 의견을 말하고 있는지 쓰세요.

( )

7 친구들이 제시한 의견과 의견에 대한 까닭을 간단히 정리하여 쓰세요.

친구 이름	의견	까닭
진우		
태영		
세윤		

8 어떻게 하면 유기견 발생을 줄일 수 있을지 자신의 생각을 까닭을 들어 쓰세요.

주제에 맞게 글 쓰기

1 처음 부분에 쓸 내용을 간단히 정리해 보세요.

2 가운데 부분에 쓸 내용을 간단히 정리해 보세요.

3 끝부분에 쓸 내용을 간단히 정리해 보세요.

4 **1**~**3**에서 정리한 내용을 바탕으로 하여 글을 쓰세요.

주제 ❷ '선의의 거짓말'은 해도 될까?

자료 읽고 생각 떠올리기 1

가 플라시보 효과 VS 노시보 효과

플라시보 효과란 의사가 효과 없는 가짜 약 혹은 꾸며 낸 치료법을 환자에게 제안했는데, 환자의 긍정적인 믿음으로 인해 병세가 나아지고 치료에 효과를 내는 것을 말한다. 예를 들어, 의사가 밀가루로 만든 알약을 환자에게 주며 "이 약은 세계적으로 효과가 있는 약이에요. 이제 분명 나으실 거예요." 하고 처방하면 환자의 병이 실제로 나아질 수 있다는 것이다.

실제로 2009년 위스콘신 대학에서는 감기 환자에게 가짜 약을 주고 플라시보 효과를 증명하는 실험을 했다. 그 결과 가짜 약을 받은 감기 환자들은 다른 환자들보다 평균 12시간 정도 빠르게 회복되었다. 특히 가짜 약이 효과가 있다고 믿었던 환자는 최대 2.5일 빨리 회복되었다.

반면 노시보 효과는 플라시보 효과와 반대 개념으로, 약효에 대한 불신 또는 부작용에 대한 염려와 같은 부정적인 믿음 때문에 실제로 부정적인 결과가 나타나는 현상이다. 가령 의사가 환자에게 "이걸 먹으면 건강이 나빠질 것입니다."라고 말하면 실제로 이것을 복용한 사람들이 두통이 생기거나 건강이 악화되는 현상을 보였다고 한다.

이처럼 플라시보 효과와 노시보 효과는 병을 치료하는 일에 우리의 마음가짐이 얼마나 중요한지를 보여 준다.

20○○년 ○○월 ○○일 ○○일보

나 선의의 거짓말, 사회적 유대감을 만들어

지난 24일, 영국 옥스퍼드 대학과 핀란드 알토 과학 대학의 공동 연구진이 '선의의 거짓말이 사회적 유대감을 증진시킨다'는 연구 결과를 발표했다.

연구진은 페이스북, 트위터 같은 누리 소통망 서비스(SNS)를 대상으로 악의적 거짓말과 선의의 거짓말이 사회적 유대감을 형성하는 데 어떤 작용을 하는지 알아보았다.

이 연구 결과에 따르면, 선의의 거짓말 그룹은 자신들의 집단 내에서 단단한 유대감을 쌓으면서 그 저변을 넓혀 나갔다. 반면 악의적 거짓말 그룹은 따로따로 흩어지고 고립되는 성향이 강한 것으로 나타났다. 실제로 페이스북이나 인스타그램과 같은 누리 소통망 서비스(SNS)에서 제품 사진을 올리고 “이 제품 멋있지 않나요?”라고 물었을 때, 사람들은 제품이 마음에 들든 아니든 ‘좋아요’ 버튼을 누르는 경우가 많았다. 또, 별로 친하지 않아도 친구 신청을 하면 쉽게 받아 주었다.

연구진은 그 이유를 사이버 공간에서 만난 사람들의 감정을 상하게 하지 않기 위해 선의의 거짓말을 해 주는 것이라고 보았다. 그리고 이런 선의의 거짓말은 상대방의 마음을 다치지 않게 하려는 배려가 알게 모르게 스며들어 있어 사회적인 유대감을 만들고 사회가 발전하는 데 기여할 수 있다고 밝혔다.

20○○년 ○○월 ○○일 ○○신문

✦ **저변:** 한 분야의 밑바탕이 되는 부분.

1 **가**를 읽고 플라시보 효과에 대해 간단히 정리하여 쓰세요.

2 **나**에서 누리 소통망 서비스를 이용하는 사람들이 선의의 거짓말을 하는 까닭을 쓰고, 이런 선의의 거짓말이 사회에 미치는 영향은 무엇인지 쓰세요.

누리 소통망 서비스에서 선의의 거짓말을 하는 까닭	
선의의 거짓말이 사회에 미치는 영향	

자료 읽고 생각 떠올리기 2

선의의 거짓말? 처벌된다!

친구가 저지른 죄를 대신 뒤집어썼다가 발각되면 어떻게 될까? 최근 법원은 이런 선의의 거짓말을 한 경우에 대해서도 엄중 처벌하겠다는 의지를 밝혔다.

지난 2012년 문씨는 음주 운전 사고를 냈다. 다친 사람은 없었지만 차에 함께 탔던 김모씨는 공직자인 친구 문씨가 승진할 때 불이익을 받을까 봐 자신이 운전을 했다고 거짓말을 했으나 재판 과정에서 들통이 났다. 법원은 선의의 거짓말이라고 주장한 김씨에게도 문씨와 똑같이 벌금 5백만 원을 선고했다.

○○○ 변호사는 "선의의 거짓말이라고 하지만 거짓말로 경찰의 공무 집행을 방해했을 뿐 아니라 이 거짓말 때문에 진실을 말하는 사람이 오히려 거짓말을 한다고 오해를 받을 수 있으므로 무거운 처벌을 받게 된다."라고 밝혔다.

20○○년 ○○월 ○○일 ○○신문

3 이 기사에서 알려 주려고 한 중요한 사실을 간단하게 정리하여 쓰세요.

4 선의의 거짓말이라고 주장한 김씨가 처벌을 받은 까닭은 무엇인지 쓰세요.

자료 읽고 생각 떠올리기 3

선의의 거짓말이 사람을 해친다?

"이 음식 정말 맛있네요.", "그 옷 정말 잘 어울리는데요?" 등 사람들은 하루에도 수차례씩 가족이나 친구에게 선의의 거짓말을 한다. 최근 이와 관련해 동정심이 많은 사람일수록 이런 거짓말을 많이 한다는 것이 밝혀졌다.

UC 샌디에고와 런던 퀸메리 대학 연구진들은 똑같은 사람이 쓴 글을 실험자들에게 평가하게 한 뒤 절반에게는 글쓴이가 최근 가족을 잃는 불행한 일을 당했다고 알려 주고 다시 평가하게 했다. 그랬더니 처음보다 평가 점수가 훨씬 높게 나타났는데 실험자들은 글쓴이의 기분을 상하지 않게 하기 위해서 점수를 높여 주었다고 답했다. 이와 같은 3가지 연구 끝에 연구진들은 "동정심을 많이 느끼는 사람일수록 선의의 거짓말을 더 많이 한다."는 결론을 내렸다.

그러나 동정심 어린 거짓말이 때로는 사람들을 해칠 수 있다. 펜실베니아 대학의 머리스 슈와이저 교수는 "자신의 외모에 대한 다른 사람의 거짓말을 믿게 된다면 비만에 걸리는 등 상황을 더 악화시킬 수 있다."고 지적했다.

20○○년 ○○월 ○○일 ○○신문

5 선의의 거짓말과 성격에는 어떤 관계가 있는지 정리하여 쓰세요.

( )

6 이 기사를 읽고 선의의 거짓말을 조심해야 하는 까닭은 무엇일지 생각하여 쓰세요.

다양한 의견 알아보기

'선의의 거짓말'은
해도 될까?

나는 선의의 거짓말도 하면 안 된다고 생각해.
왜냐하면 선의의 거짓말도 거짓말 중 하나로,
다른 사람을 속이는 행동이기 때문이야.

선의의 거짓말에는 다른 사람을
행복하게 하고 도움을 주려는 선한 의도가
담겨 있어. 그래서 나는 선의의 거짓말은
해도 된다고 생각해.

나는 선의의 거짓말도 하면 안 된다고 생각해.
왜냐하면 좋은 의도였다고 하더라도 나쁜 결과를
불러올 수 있고 그 결과로 상대방이
불행해질 수도 있기 때문이야.

7 친구들은 무엇에 대해 의견을 말하고 있는지 쓰세요.

( )

8 친구들이 제시한 의견과 의견에 대한 까닭을 간단히 정리하여 쓰세요.

친구 이름	의견	까닭
진우		
태영		
세윤		

9 선의의 거짓말에 대해 어떻게 생각하는지 자신의 생각을 까닭을 들어 쓰세요.

주제에 맞게 글 쓰기

1 처음 부분에 쓸 내용을 간단히 정리해 보세요.

2 가운데 부분에 쓸 내용을 간단히 정리해 보세요.

3 끝부분에 쓸 내용을 간단히 정리해 보세요.

4 **1**~**3**에서 정리한 내용을 바탕으로 하여 글을 쓰세요.

글

2주 『**구둣방 아저씨**』, 『**투덜이 아저씨**』 | 생활의 길잡이 3-2 | 국정교과서 | 1989년

- 위에 제시되지 않은 사진이나 이미지는 사용료를 지불하고 셔터스톡 코리아에서 대여했음을 밝힙니다.
- 길벗스쿨은 이 책에 실린 모든 글과 사진의 출처를 찾기 위해 최선의 노력을 기울였습니다.
  저작권자를 찾지 못해 허락을 받지 못한 글과 사진은 저작권자가 확인되는 대로 통상의 사용료를 지불하겠습니다.

앗!

본책의 가이드북을 분실하셨나요?
길벗스쿨 홈페이지에 들어오시면
내려받으실 수 있습니다.

기적의 독서 논술

가이드북

9권

가이드북 활용법

독해 문제의 경우에만 정답을 확인하시고 정오답을 체크해 주시면 됩니다.
낱말 탐구에 제시된 어휘의 뜻은 국립국어원의 국어사전 내용을 기준으로 풀이하여 실었습니다.
그 외 서술 · 논술형 문제에 해당하는 예시 답안은 참고만 하셔도 됩니다.
아이의 다양한 생각이 예시 답과 다르다고 하여 틀렸다고 결론 내지 마세요.
아이 나름대로 근거가 있고, 타당한 대답이라면 정답으로 인정합니다.
이치에 맞지 않은 답을 한 경우에만 수정하고 정정할 기회를 주시기 바랍니다.
답을 찾는 과정에 집중해 주세요.

다소 엉뚱하지만 창의적이고,
기발하면서 논리적인 대답에는 폭풍 칭찬을 잊지 마세요!

부디 너그럽고 논리적인 독서 논술 가이드가 되길 희망합니다.

1주 욕심꾸러기 거인

읽기 전 생각 열기

16~17쪽

1 봄과 어린이의 닮은 점을 생각해 보고, 세 가지만 쓰세요.

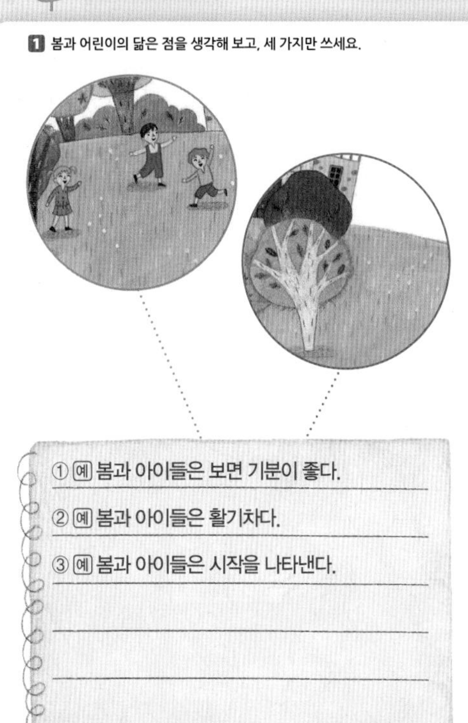

① 예 봄과 아이들은 보면 기분이 좋다.

② 예 봄과 아이들은 활기차다.

③ 예 봄과 아이들은 시작을 나타낸다.

2 다른 사람과 무엇을 함께 나누거나 베풀기 싫었던 경험을 떠올려 쓰세요.

예 용돈을 모아서 산 가방이 있었는데, 동생이 같이 쓰면 안 되냐고 부탁한 일이 있었다. 동생이랑 같이 쓰면 가방이 금방 더러워질 것 같아서 동생의 부탁을 거절했다.

3 '나눔'과 '베풂'이라는 말을 들으면 무엇이 떠오르는지 쓰세요.

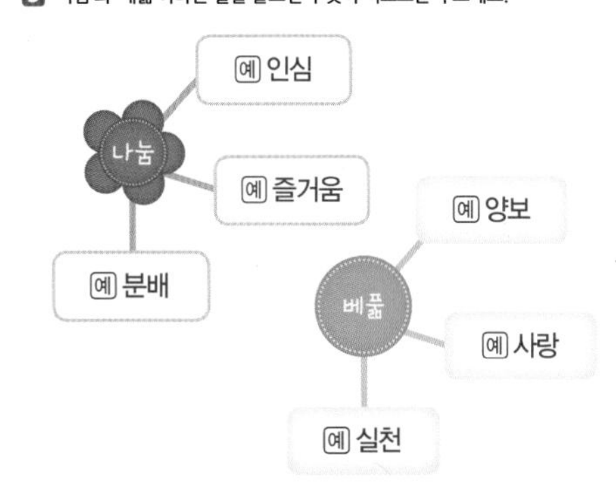

해설

1 봄은 시작을 의미하기도 하고, 겨울 동안 움츠렸던 생활에 활기를 주어 사람들에게 설렘과 행복을 줍니다. 아이들 역시 보는 것만으로도 미소를 짓게 합니다. 그리고 아이들은 에너지가 넘치고 활기찹니다.

2 무언가를 나누거나 베풀기 싫었던 경험을 떠올려 보고, 왜 그런 마음이 들었는지 까닭도 생각해 봅니다.

3 각각의 낱말을 보고 떠오르는 대상이나 낱말을 자유롭게 써 봅니다.

읽기 전 낱말 탐구

18~19쪽

1 다음 뜻에 알맞은 낱말을 찾아 ○표 하세요.

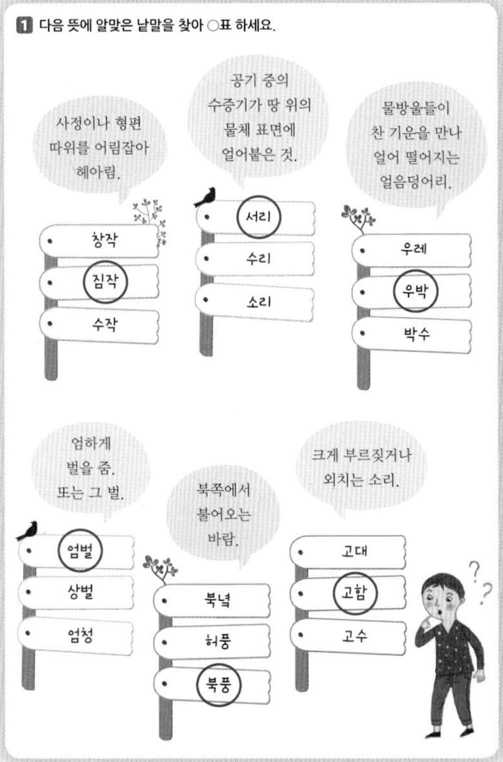

2 낱말의 뜻을 살펴보고, 빈칸에 들어갈 글자를 보기 에서 찾아 쓰세요.

낱말 탐구

- **수작:** 남의 말이나 행동, 계획을 낮잡아 이르는 말.
- **수리:** 고장 나거나 허름한 데를 손보아 고침.
- **우레:** 천둥소리와 번개를 동반하는 대기 중의 방전 현상.
- **상벌:** 상과 벌을 아울러 이르는 말.
- **허풍:** 실제보다 지나치게 과장하여 믿음성이 없는 말이나 행동.
- **고대:** 몹시 기다림.
- **고수:** 어떤 분야나 집단에서 기술이나 능력이 매우 뛰어난 사람.

20~31쪽

한줄 톡! ❶ 정원 ❷ 겨울 ❸ 아이들 ❹ 꽃 ❺ 천국

30~31쪽

내용 확인 1 ③ 2 (2) ○ 3 수진 4 꼬마 5 ㉮, ㉯ 6 (1) ㉮ (2) ㉯ 7 ② 8 욕심꾸러기, 아이(들)

1 거인의 정원은 아이들에게 놀이터와 같았고, 아이들은 그 정원에서 놀며 행복해했습니다.

2 거인은 자기 정원에서 아이들이 뛰어노는 것을 보고 화를 냈고, 정원에 얼씬도 하지 못하게 하려고 정원 둘레에 커다랗고 높은 담을 쌓았습니다.

3 거인을 욕심꾸러기라고 생각해 담 너머 거인의 정원에는 봄과 여름, 가을이 오지 않았습니다.

4 정원의 한구석에는 아직 겨울이 머물러 있었는데, 그곳에는 키가 작아 나무에 올라가지 못한 조그만 꼬마가 있었습니다.

5 정원에 봄이 오지 않은 까닭을 깨닫게 된 거인은 담을 허물고 자신의 정원을 아예 아이들의 놀이터로 만들어 줘야겠다고 다짐했습니다.

6 아이들이 정원에 나온 거인을 보고 허겁지겁 도망쳤을 때는 정원에 겨울이 다시 찾아왔고, 아이들이 정원으로 돌아오자 봄도 찾아왔습니다.

7 이웃 사람들은 아이들이 마음껏 뛰노는 거인의 정원을 보고 세상에서 가장 아름다운 정원이라고 생각했습니다.

8 거인은 처음에 아이들을 자신의 정원에 얼씬도 하지 못하게 하는 지독한 욕심꾸러기였습니다. 하지만 나중에는 정원을 아이들에게 내주면서 누구보다도 아이들을 사랑하는 사람이 되었습니다.

32~33쪽

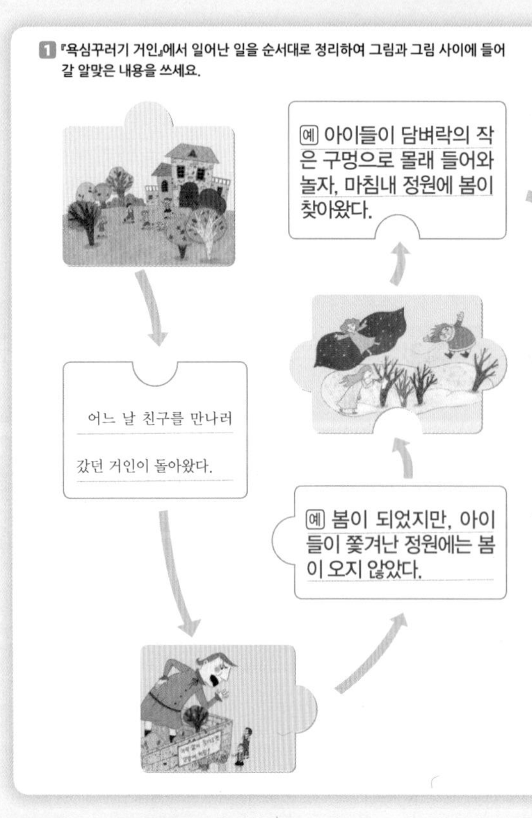

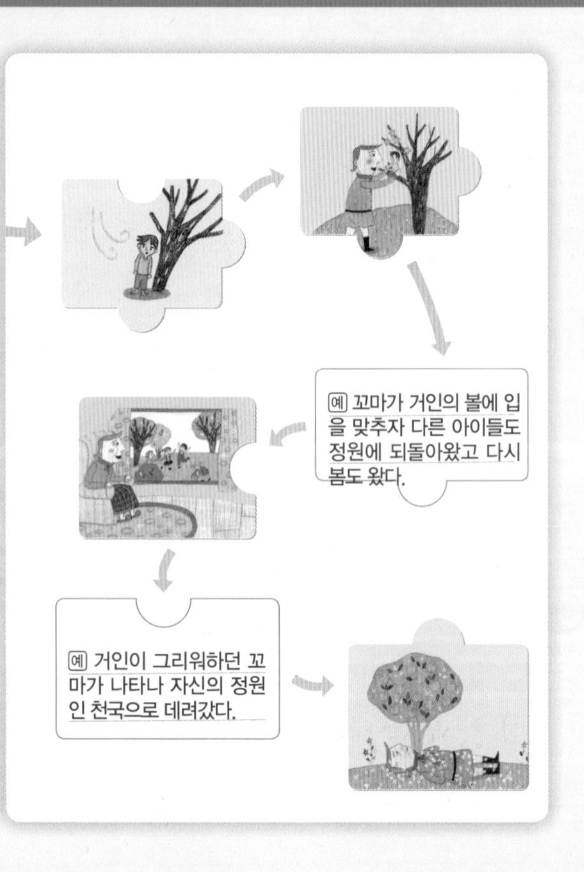

1 아이들이 한 일을 보고, 각각의 상황에서 거인이 한 생각을 정리하여 쓰세요.

아이들이 한 일

거인이 떠나 있는 동안, 매일 거인의 정원에 들러 뛰어 놀았다.

예 이 정원은 내 정원이야. 아이들이 정원에 얼씬도 하지 못하게 해야겠어.

아이들이 한 일

담벼락에 뚫린 작은 구멍으로 거인 몰래 정원에 들어왔다.

예 정원에 왜 봄이 오지 않았는지 알겠어. 정원을 아이들의 놀이터로 만들어 줘야겠어.

아이들이 한 일

날마다 거인의 정원에 와서 거인이 지켜보는 가운데 재미있게 놀았다.

예 세상에서 가장 예쁜 꽃은 아이들이야.

2 다음 상황에서 아이들은 거인에게 각각 어떤 말을 하고 싶었을까요? 거인에게 어떤 말을 하고 싶을지 생각해 보고, 간단히 정리하여 쓰세요.

예 거인 아저씨, 아저씨가 없는 동안 정원은 우리에게 놀이터와 같았어요. 정원을 깨끗하게 이용할 테니 저희에게 공간을 나누어 주시면 안 될까요? 화만 내지 마시고, 저희와 함께 행복하게 사용할 수 있는 방법을 찾으면 좋겠어요.

예 거인 아저씨, 저희에게 정원도 내주시고, 저희와 함께 재미있게 놀아서 너무 행복해요. 거인 아저씨의 정원은 세상에서 가장 아름다운 정원일 거예요. 저희는 아저씨가 우리의 친구가 되어 주어서 정말 감사해요.

해설

1 거인이 정원을 독차지하자 정원에는 봄이 오지 않았습니다. 아이들이 몰래 들어와 놀자 정원에 잠시 봄이 찾아왔고, 거인은 그동안의 행동을 반성합니다. 그 후 거인은 아이들과 정원을 함께 나누었고, 거인은 아이들을 세상에서 가장 예쁜 꽃이라고 생각했습니다.

2 아이들이 처한 상황을 알맞게 파악하여 거인에게 하고 싶은 말을 상황과 어울리게 썼으면 정답으로 합니다.

3 거인의 정원에 여름이 계속 머문다면 어떻게 되었을까요? 여름에 찾아오는 더위, 태풍, 장마가 어떻게 거인을 괴롭혔을지 상상하여 쓰세요.

더위

예 내리쬐는 햇볕에 거인은 피부가 까맣게 타고, 정원의 나무와 풀은 축축 늘어질 것이다.

태풍

예 강한 바람이 불어서 정원의 나무가 뽑히고 지붕도 날아갈 것이다.

장마

예 비가 계속해서 쏟아져 거인의 정원은 흙탕물로 가득할 것이다.

4 거인이 아이들에게 한 일과 작은 꼬마가 거인에게 한 일의 닮은 점을 생각해 보고, 어떤 교훈을 얻을 수 있는지 쓰세요.

거인은 아이들에게 정원을 내주었어.

작은 꼬마는 거인에게 친구가 되어 주었어.

닮은 점

예 거인은 아이들에게 정원을 내주며 사랑을 주었고, 작은 꼬마는 거인에게 첫 친구가 되어 주며 사랑을 주었다.

얻을 수 있는 교훈

예 사랑을 베풀며 함께 나누는 것은 아름답고 행복한 일이다.

3 더위, 태풍, 장마의 특징을 생각해 봅니다. 더위, 태풍, 장마가 거인의 성과 정원, 거인에게 어떤 피해를 줄지 알맞게 상상하여 썼으면 정답으로 합니다.

4 두 인물이 한 일에서 닮은 점을 찾아 설득력 있게 썼고, 그 내용과 연관 지어 교훈을 알맞게 썼으면 정답으로 합니다.

2주 구둣방 아저씨 / 두덜이 아저씨

읽기 전 생각 열기

42~43쪽

1 만약 병에 걸려 오늘까지만 살 수 있다면 하고 싶거나 생각나는 것은 무엇일지 떠올려 쓰세요.

2 우리 곁에서 다음과 같은 일을 하는 사람들이 없어진다면 어떤 일이 생길지 짐작하여 쓰세요.

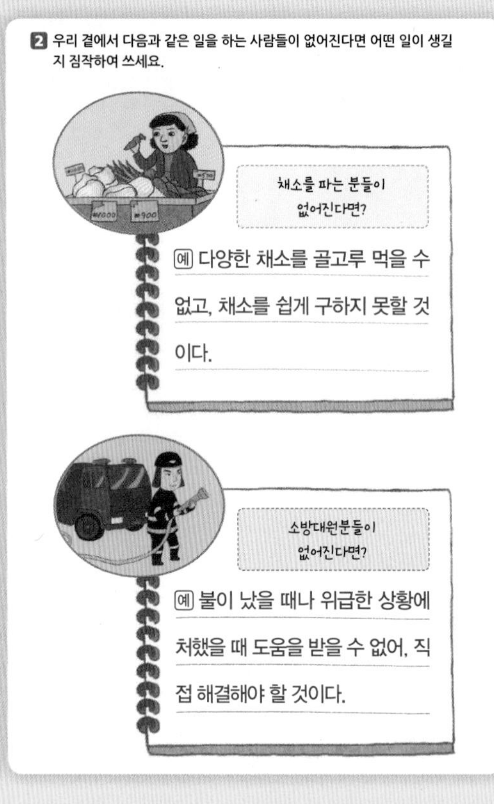

해설

1 죽음을 앞두고 무엇이 가장 갖고 싶을지, 어떤 음식이 가장 먹고 싶을지, 가장 보고 싶은 사람은 누구일지, 마지막 소원은 무엇일지 자유롭게 상상하여 써 봅니다.

2 우리가 살아가는 데 도움을 주는 분들이 계시지 않는다면 우리 생활에 어떤 불편이 생길지 생각해 봅니다.

읽기 전 낱말 탐구

44~45쪽

1 낱말 카드의 글자를 모두 이용해서 빈칸에 두 글자로 된 낱말을 쓰세요.

2 뜻이 통하는 문장이 되도록 뒤섞여 있는 글자의 차례를 바로잡아 쓰세요.

낱말 탐구

- **세월:** 살아가는 세상.
- **구부정하다:** 조금 구부러져 있다.
- **난처하다:** 이럴 수도 없고 저럴 수도 없어 처신하기 곤란하다.
- **쭈그리다:** 팔다리를 우그려 몸을 작게 움츠리다.
- **치켜들다:** 위로 올려 들다.

읽는 중 생각 쌓기

46~57쪽

한줄 톡! ❶ 양복점 ❷ 벽돌 공장 ❸ 구두 ❹ 죽을 병 ❺ 행복

56~57쪽

내용 확인 1 바보 2 (3) ○ 3 ④ 4 ③ 5 ① 6 재인 7 ㉯ 8 감사

1 마을 사람들은 구둣방 아저씨가 늘 힘없이 다니며 비좁은 가게에서 온종일 구두를 깁는 모습을 보고 바보라고 불렀습니다.

2 마을 사람들은 양복점 아저씨가 만든 옷을 입고 자기들이 멋쟁이가 되었다고 생각해서 양복점 아저씨를 마을에서 가장 훌륭한 일을 한 사람으로 뽑았습니다.

3 구둣방 아저씨는 발이 편하고 튼튼한 구두를 만들려고 최선을 다했기 때문에 자신도 훌륭한 사람으로 뽑힐 자격이 있다고 생각했던 것입니다.

4 마을 사람들은 구두를 지어 줄 사람이 없자, 구둣방 아저씨가 마을에 꼭 필요한 사람임을 깨달았을 것입니다. 그리고 구둣방 아저씨를 무시하며 놀렸던 자신들의 행동을 후회하고 반성했을 것입니다.

5 투덜이 아저씨는 불평이 많은 사람으로, 항상 다른 사람들이 자기를 알아주지 않고 주변의 것들이 마음에 들지 않는다고 불평을 했습니다.

6 어느 날 갑자기 아저씨는 머리가 아파 오기 시작했고, 참을 수 없이 심한 두통이 계속되자 얼굴을 잔뜩 찡그리며 병원에 가서 진찰을 받았습니다.

7 투덜이 아저씨는 자신의 친구가 비슷한 증세를 보이다 죽었기 때문에 자신도 친구와 같은 병에 걸린 것이 틀림없다고 생각했습니다.

8 투덜이 아저씨는 그동안 모든 일에 계속 불평만 하고 주변에 감사하며 살지 못했기 때문에 행복을 느끼지 못했습니다.

읽은 후 생각 정리

58~59쪽

1 『구둣방 아저씨』에서 구둣방 아저씨에게 일어난 일을 생각하며 빈칸에 알맞은 내용을 쓰세요.

① 

마을에서 가장 훌륭한 일을 한 사람을 뽑는 날이 되자, 구둣방 아저씨는 구두를 열심히 만들었다고 생각해서 [표에 자기 이름을 적었다].

② 

가장 많은 표를 얻은 사람은 양복점 아저씨였고, 마을 사람들은 구둣방 주인의 표가 [하나 나왔다고] 말하며 비웃었다.

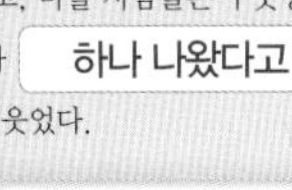

③ 

구둣방 아저씨는 벽돌 공장 아저씨의 발을 잰 [치수 표를 잃어버렸고]. 벽돌 공장 아저씨는 발을 두 번씩이나 잰다고 화를 냈다.

④ 

구둣방 아저씨는 보따리를 지고 몰래 [마을을 떠났다]. 얼마 지난 후 마을 사람들은 구두를 만들어 줄 사람이 없는 것을 깨닫고 걱정하였다.

2 『투덜이 아저씨』에서 투덜이 아저씨에게 일어난 일을 생각하며 빈칸에 알맞은 내용을 쓰세요.

① 

투덜이 아저씨는 다른 사람들이 자기를 알아주지 않는다고, 주변의 것들이 자신의 마음에 들지 않는다고 늘 [불평을 하였다].

② 

어느 날 갑자기 참을 수 없이 심한 두통이 생기자, 투덜이 아저씨는 병원에 가 [진찰을 받았다].

③ 

투덜이 아저씨는 좀 더 검사를 해 보자는 의사 선생님의 말을 듣고 자신이 [죽을 병에 걸렸다고] 짐작했다.

④ 

치료를 받으면 괜찮을 거라는 의사 선생님의 말을 들은 투덜이 아저씨는 [비로소 행복을 느꼈고], 마음속으로 감사하다고 말했다.

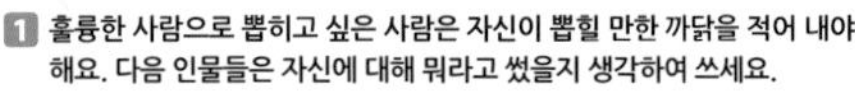

1 훌륭한 사람으로 뽑히고 싶은 사람은 자신이 뽑힐 만한 까닭을 적어 내야 해요. 다음 인물들은 자신에 대해 뭐라고 썼을지 생각하여 쓰세요.

예 사람들이 자기 개성을 살릴 수 있도록 멋진 옷을 만들어 주기 때문이다.

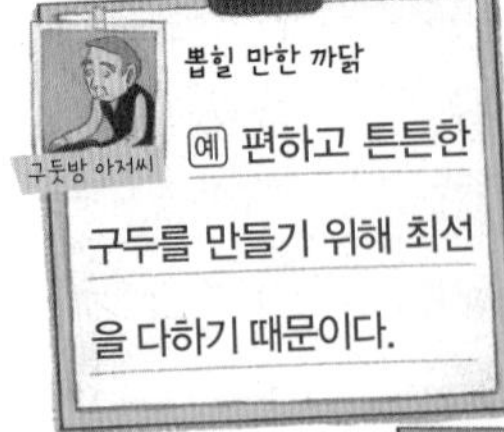

예 편하고 튼튼한 구두를 만들기 위해 최선을 다하기 때문이다.

예 마을 사람들에게 안전하고 튼튼한 집이 필요한데, 그 재료 중 가장 중요한 벽돌을 만들어 내기 때문이다.

각 인물들이 자신의 직업에 대해 어떤 자부심을 가질 수 있을지 생각해 봐.

2 마을 사람들의 사과를 받고 구둣방 아저씨가 마을로 돌아왔다면 어떤 일이 벌어질지 간단히 써 보세요.

아마도 벽돌 공장 아저씨는 예 구둣방 아저씨에게 화를 내었던 것을 사과할 것이다. 또 다른 사람을 존중하지 않고 함부로 대했던 자신의 행동을 반성할 것이다.

그리고 마을 사람들은 예 구둣방 아저씨가 마을로 돌아온 것을 기뻐하며, 성대한 잔치를 열어줄 것이다. / 구둣방 아저씨에게 그동안 주문하지 못했던 구두를 마음껏 주문할 것이다.

해설

1 인물들의 직업을 살펴보고, 그 직업이 사람들에게 미치는 좋은 영향은 무엇인지 생각해 봅니다. 각각의 인물이 훌륭한 사람으로 뽑혀야 하는 까닭을 설득력 있게 썼으면 정답으로 합니다.

2 달라진 상황과 어울리게 인물의 행동이나 마음을 상상하여 알맞게 썼으면 정답으로 합니다.

3 투덜이 아저씨가 죽은 친구와 같은 병에 걸렸다면 아저씨의 마음은 어떠할까요? 알맞은 표정에 ∨표 하고, 어떤 생각을 했을지 짐작하여 쓰세요.

 ( )
 ( )
 (∨)

어떤 생각을 했을까요?

예 이런 일이 나에게도 생기다니……. 이렇게 될 줄 알았으면 아름답고 좋은 것들을 좀 더 누리고 살걸. 내 주위에 있는 모든 것들에 감사할 줄도 모르고 너무 불평만 했어. 남은 삶이라도 행복한 마음으로 살고 싶어.

4 다음은 『구둣방 아저씨』와 『투덜이 아저씨』에 나오는 인물들이에요. 인물들에 대한 다른 사람들의 생각을 정리하여 쓰고, 나는 이야기 속 인물을 어떻게 생각하는지 쓰세요.

다른 사람들의 생각	인물	나의 생각
말도 잘 못하고 늘 구부정하게 앉아 있는 바보	 구둣방 아저씨	예 편하고 튼튼한 구두를 만들기 위해 노력하는 사람
예 마을 사람들을 멋쟁이로 만들어 주는 훌륭한 사람	 양복점 아저씨	마을에서 누구나 인정해 주는 최고 인기남
예 늘 불평만 하는 사람	 투덜이 아저씨	예 작은 일에도 감사하고 행복할 줄 모르는 사람

3 불평만 했던 투덜이 아저씨가 죽음을 앞둔 상황에서 마음에 어떤 변화가 있을지 생각해 봅니다. 인물이 처한 상황과 어울리게 생각을 썼으면 정답으로 합니다.

4 인물에 대한 이야기 속 다른 사람들의 평가와 나의 생각을 모두 알맞게 썼으면 정답으로 합니다.

3주 행복의 꽃

읽기 전 생각 열기 68~69쪽

1 다음과 같은 마법의 물건 세 가지를 받았다고 생각해 보세요. 물건의 이름을 정하고, 어떤 경우에 사용하면 좋을지 쓰세요.

2 나에게 행복이나 불행을 주는 사람 또는 물건을 떠올려 보고, 어떤 때 그런 느낌이 드는지 쓰세요.

나를 행복하게 해요

행복을 주는 사람(물건)	행복하다고 느낄 때
예 우리 엄마	예 엄마가 내가 좋아하는 음식을 해 주실 때
예 책	예 책을 읽으면서 지식을 얻거나 감동을 받을 때

나를 불행하게 해요

불행을 주는 사람(물건)	불행하다고 느낄 때
예 우리 형	예 동생인 나에게 마구 심부름을 시킬 때
예 시험지	예 시험을 잘 보기 위해 학원을 다닌다는 생각이 들 때

해설

1 마법의 물건이 꼭 좋은 곳에만 쓰이지 않아도 됩니다. 물건을 사용할 수 있는 적절한 경우를 생각해 자유롭게 상상해 봅니다.

2 나는 어떨 때 행복하거나 불행하다는 생각이 들었는지 떠올려 봅니다. 떠오른 경험이 사소한 일이어도 상관없습니다.

읽기 전 낱말 탐구 70~71쪽

1 주어진 뜻을 가진 낱말을 글자들 속에서 찾아 ○표 하세요.

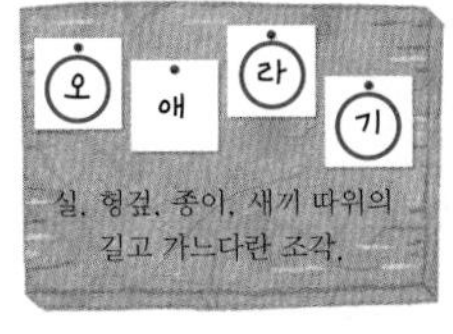

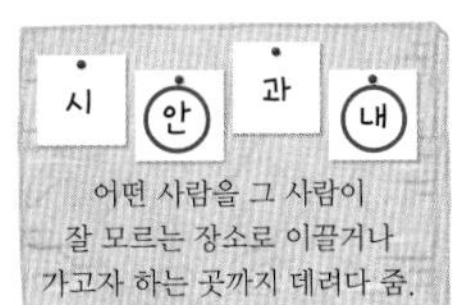

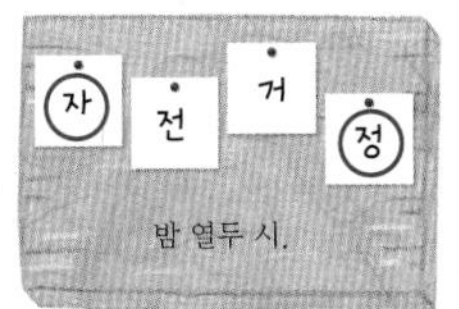

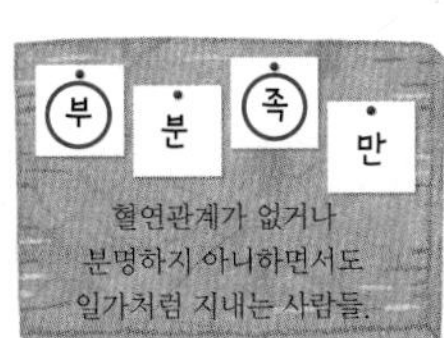

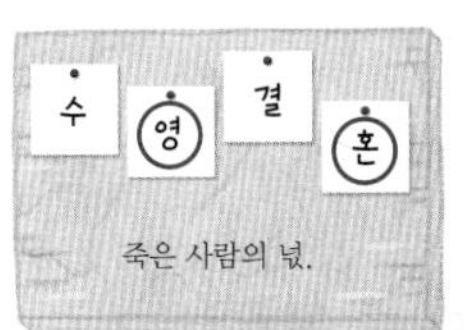

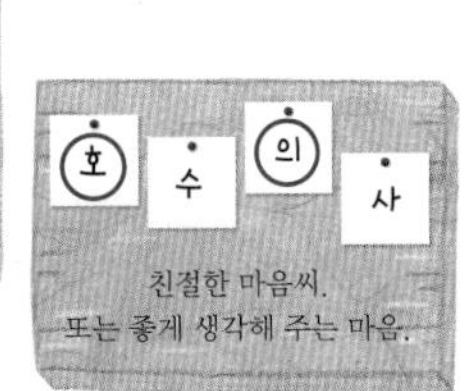

2 낱말의 뜻풀이를 보고, 뒤섞여 있는 글자들을 바로잡아 빈칸에 차례대로 쓰세요.

낱말 탐구

- **일가:** 한집에서 사는 가족.
- **넋:** 사람의 몸 안에서 몸과 정신을 다스리며, 몸이 죽어도 영원히 남아 있다는 보이지 않는 존재.
- **간수하다:** 물건 따위를 잘 보호하거나 보관하다.
- **꼿꼿이:** 물건이 휘거나 구부러지지 아니하고 단단하게.
- **몸가짐:** 몸의 움직임. 또는 몸을 거두는 일.
- **맵시:** 아름답고 보기 좋은 모양새.

한줄 톡! ❶ 털 ❷ (마법) 모자 ❸ 땅꼬마 ❹ 수염 ❺ 영혼

82~83쪽

내용 확인 1 ④ 2 선우 3 (3) ○
4 ③ 5 ② 6 ①, ③
7 (1) 3 (2) 1 (3) 2 8 ㉮

1 가난하고 병이 든 어머니는 자신이 죽으면 세상에 혼자 남게 될 아들이 불쌍했습니다.

2 길에서 늑대를 만난 아들은 늑대의 발에 박힌 가시를 빼 주었습니다.

3 아들은 여기저기를 떠도느라 너무 지치고 울적해졌기 때문에 주머니에서 꽃을 꺼내 보았습니다.

4 아들은 사흘 동안 금뿔 암소를 지키고 풀밭에서 풀을 먹인 대가로 집 안의 물건 중에 하나를 고르라는 마녀의 말에 낡은 모자를 골라 도망쳤습니다. 아들이 마녀의 머슴이 된 것은 맞지만 집 안을 청소하지는 않았습니다.

5 동굴 앞에 다다르자, 땅꼬마는 아들에게 부자로 만들어 주겠다며 자신을 따라오라고 했습니다.

6 땅꼬마 부족의 임금은 땅꼬마를 구해 준 보답으로, 아들이 어려울 때 도움을 받을 수 있도록 은빛 수염, 은 물병, 활을 주었습니다.

7 유리 산을 찾은 아들은 은빛 수염을 꺼내 불었습니다. 그러자 땅꼬마들이 나타났고, 망치와 곡괭이로 유리 산에 굴을 뚫었습니다. 뒤이어 용이 나타나 아들에게 달려들었고, 활을 쏘아 용을 물리쳤습니다.

8 어머니는 혼자 남을 아들에게 행복을 주고 싶어 푸른 꽃으로 핀 것입니다.

읽은 후 생각 정리

1 어머니는 죽기 전에 아들을 위해 무엇을 생각하고 어떤 계획을 세웠을지 이야기 속 어머니의 입장이 되어 쓰세요.

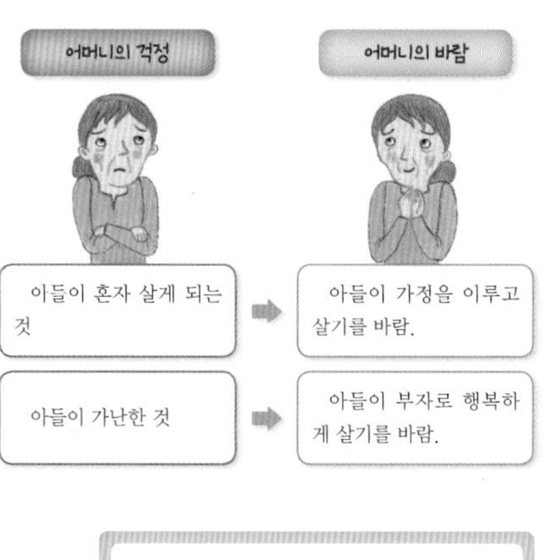

① 죽어서 무덤에 꽃으로 다시 피어난다.

② 예 세상을 떠돌며 아들이 늑대, 여우, 마녀 등을 만나도록 이끈다.

③ 예 아들이 땅꼬마 임금에게 선물을 받고, 가정을 이룰 수 있게 거위 아가씨를 만나도록 이끈다.

④ 모든 일을 끝내고 하늘 나라로 돌아간다.

2 이야기의 끝부분에서 어머니의 영혼이 하늘 나라로 돌아간 뒤 아들의 마음은 어떠했을까요? 행복할지 불행할지 생각을 정하고, 생각을 뒷받침하는 까닭을 쓰세요.

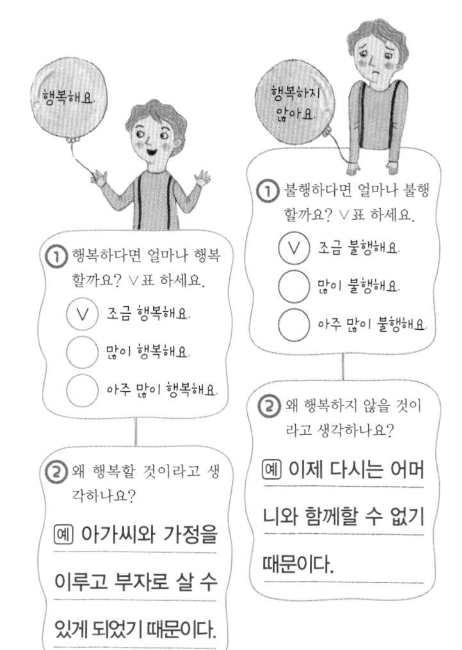

예 이제 다시는 어머니와 함께할 수 없기 때문이다.

② 왜 행복할 것이라고 생각하나요?

예 아가씨와 가정을 이루고 부자로 살 수 있게 되었기 때문이다.

해설

1 어머니는 여러 인물을 만나게 하면서 아들이 부자가 될 수 있도록 이끌었을 것이고, 거위 아가씨를 만나게 하면서 가정을 이룰 수 있도록 이끌었을 것입니다. 어머니의 바람과 관련지어 어머니의 계획을 알맞게 썼으면 정답으로 합니다.

2 어머니와는 영원히 헤어지게 되었지만 다른 가족이 생겨 행복하다고 느낄 수도 있고, 어머니에 대한 그리움에 불행하다고 느낄 수도 있습니다. 생각을 뒷받침하는 까닭이 적절하면 정답으로 합니다.

3 아들이 세 가지 보물로 이야기에 나온 다른 사람들도 행복하게 해 주려고 해요. 세 가지 보물을 누구에게 어떻게 쓰면 좋을지 쓰세요.

예 여우에게 벌이 다가올 때 쓰라고 모자를 줘서 벌이 귀에 못 들어가게 도와준다.

예 두꺼비에게 활을 쏘아 더이상 땅꼬마 부족을 괴롭히지 못하게 도와준다.

예 돌을 황금으로 바꾸어 거위 아가씨 언니들이 행복하게 살 수 있는 집을 사 준다.

4 나는 어떤 보물을 갖고 싶나요? 내가 바라는 보물을 그려 보고, 갖고 싶은 까닭도 쓰세요.

예 나는 조종만 하면 세상 어디에든 갈 수 있는 모자를 갖고 싶다. 여행 작가가 꿈인데 사람들이 잘 모르는, 또는 잘 알려지지 않은 곳까지 구석구석 다니면서 글과 사진으로 소개하면 특별한 작가가 될 수 있을 것 같기 때문이다.

3 모자는 다른 사람의 눈에 보이지 않는 특성이, 활은 겨냥만 하면 무엇이든 맞힐 수 있는 특성이, 물병은 돌에 부으면 황금으로 바꾸어 주는 물이 담겨 있는 특성이 있습니다. 각각의 보물을 사용하여 인물의 상황이 좋아지거나 나아지게 답을 썼으면 정답으로 합니다.

4 내 소원을 이루어 줄 만한 것, 세상에 없고 나만 유일하게 가질 수 있는 것 등을 떠올려 그림을 그립니다. 그리고 그 보물을 갖고 싶은 까닭을 설득력 있게 써 봅니다.

읽기 전 생각 열기

94~95쪽

1 한자는 어떤 글자인지 생각해 보고, 한자에 대해 바르게 설명한 것을 찾아 ∨표 하세요.

2 다음 족자에 쓰인 것을 살펴보고, 물음에 답해 보세요.

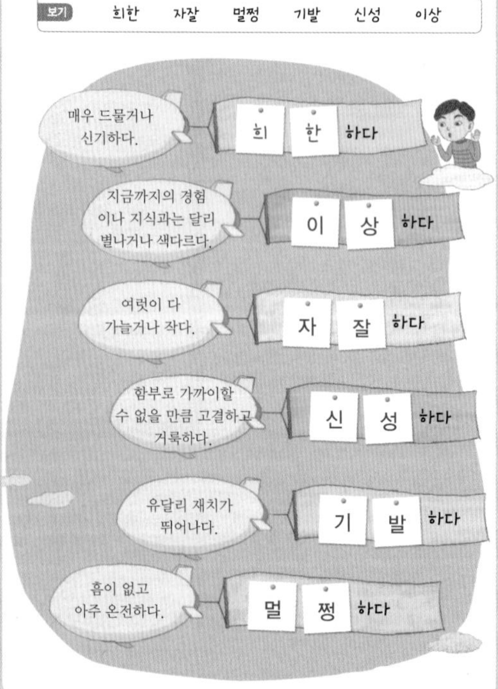

해설

1 한자는 중국에서 만들어 오늘날에도 쓰고 있는 문자입니다. 현재 알려져 있는 글자 수는 약 5만에 이르는데 실제로 쓰이는 것은 약 5,000자 정도입니다.

2 '마'는 점칠 [계], '亽'는 구결자 [라], '孒'은 왼팔 없을 [궐], '卡'은 지킬 [잡], '丫'는 양뿔 [개]라고 읽습니다.

읽기 전 낱말 탐구

96~97쪽

1 팻말에 적힌 낱말을 보고, 보기에서 서로 관계가 있거나 함께 쓰일 수 있는 낱말을 찾아 빈칸에 쓰세요.

보기: 넘치다 깨닫다 보내다 치다 찾아보다 쓰다

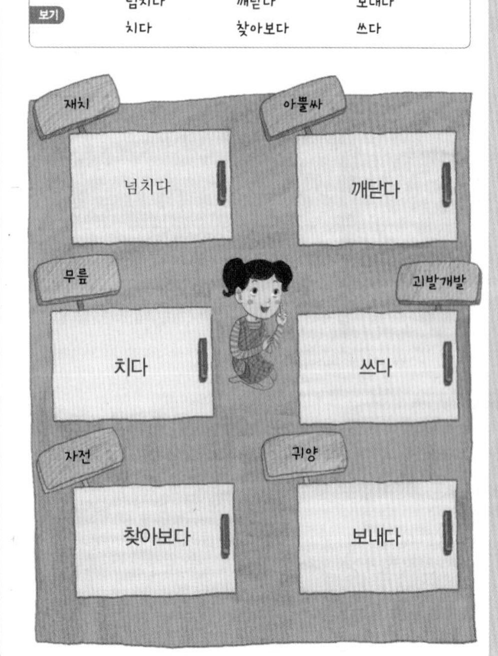

2 낱말의 뜻풀이를 보고, 빈칸에 알맞은 낱말을 보기에서 찾아 쓰세요.

보기: 희한 자잘 멀쩡 기발 신성 이상

낱말 탐구

- **재치:** 눈치 빠른 재주. 또는 능란한 솜씨나 말씨.
- **아뿔싸:** 일이 잘못되었거나 미처 생각하지 못했던 것을 깨닫고 뉘우칠 때 가볍게 나오는 소리.
- **괴발개발:** 고양이의 발과 개의 발이라는 뜻으로, 글씨를 되는대로 아무렇게나 써 놓은 모양을 이르는 말.
- **귀양:** 고려 · 조선 시대에, 죄인을 먼 시골이나 섬으로 보내어 일정한 기간 동안 제한된 곳에서만 살게 하던 형벌.

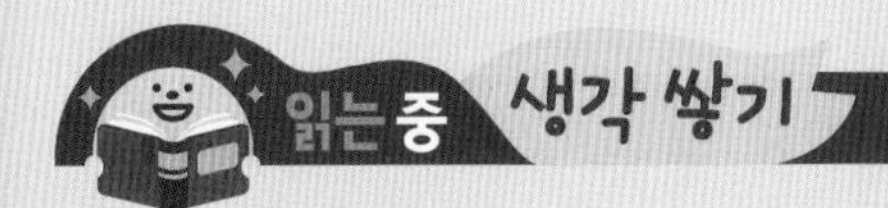

읽는 중 생각 쌓기 98~109쪽

한 줄 톡! ❶ 한어대자전 ❷ 두리번거리다 ❸ 오징어 ❹ 거북점 ❺ 금 ❻ 입

108~109쪽

내용 확인 1 ①, ④ 2 (2) ○ 3 ④ 4 (1) 오 (2) 오징어 5 ㉯ 6 ①, ③ 7 (1) ○ 8 윤아

1 한자는 글자 모양이 단순한 것도 있고 복잡한 것도 있지만 글자 수가 너무 많습니다. 또 한 글자를 익히려면 소리, 모양, 뜻을 함께 외워야 해서 모두 익히기 어려운 것입니다.

2 일상생활에서 쓸 일이 없기 때문에 이상하고 희한한 한자들은 한 번 보기도 어렵다고 했습니다.

3 '䀠'는 '目'을 반복하여 만든 한자로, 뜻은 '두리번거리다'이고, '구'라고 읽습니다. 이 한자는 예전부터 있던 것으로, 요즘에 새로 만들어진 한자는 아닙니다.

4 '魚'와 '烏'를 어울려 만든 한자인 '鰞'는 '오'라고 읽고 '오징어'라는 뜻입니다.

5 오징어가 위험을 느끼면 먹물을 내뿜고 먹물 속으로 몸을 숨겨 달아나는데 그 새카만 먹물이 까마귀를 떠올리게 해서 지어낸 이야기일 것이라고 했습니다.

6 '마'는 '口(입 구)' 자와 '卜(점 복)' 자를 합하여 만들어진 한자입니다.

7 '마'는 '점치다, 생각하다, 윗사람에게 알리다'라는 뜻의 한자입니다.

8 한글 '마'와 모양은 비슷하지만, 한자 '마'는 '계'라고 읽는다고 했습니다.

읽은 후 생각 정리 110~111쪽

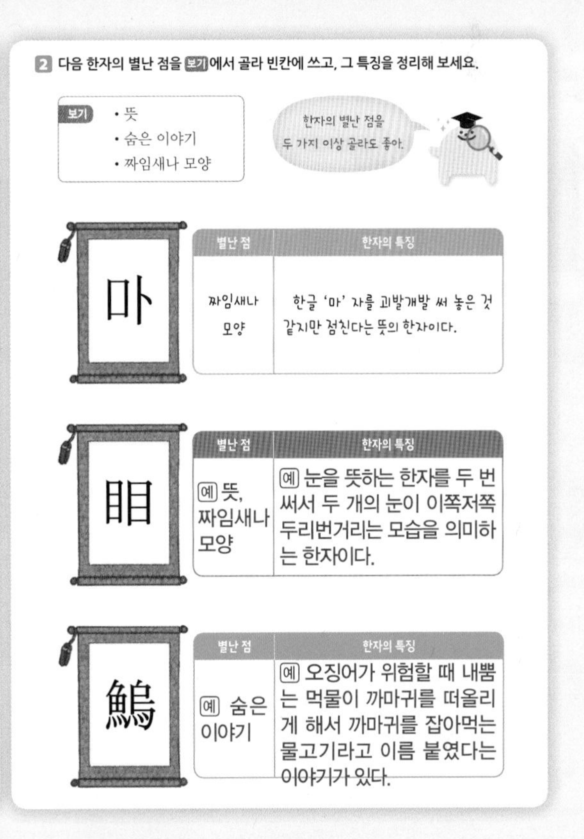

해설

1 한자의 짜임이나 뜻을 생각해 보고, 그 특징이 잘 드러나도록 제목을 정합니다. 한자와 어울리게 제목을 바꾸어 정했으면 정답으로 합니다.

2 그림에서 설명하는 한자는 모두 같은 글자 두 개를 붙여 만든 것입니다. '眲' 자처럼 같은 글자 두 개를 합하면 대부분이 그것이 둘이거나 그것을 반복한다는 뜻을 가집니다.

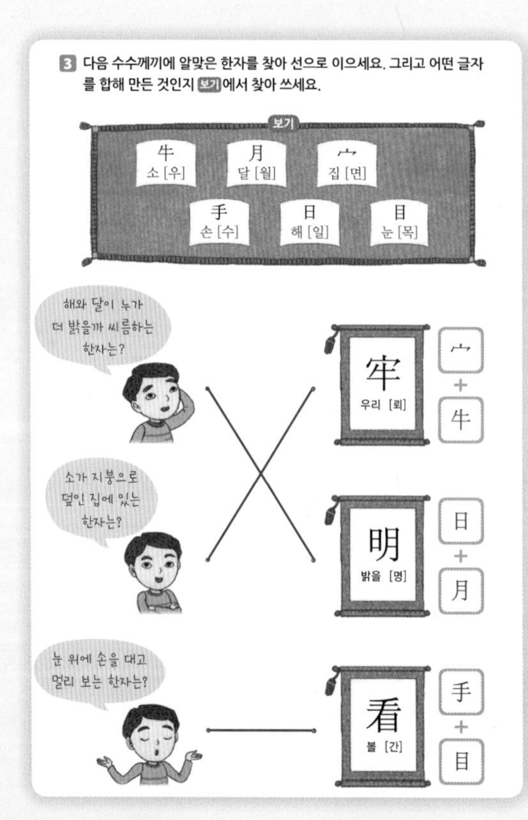

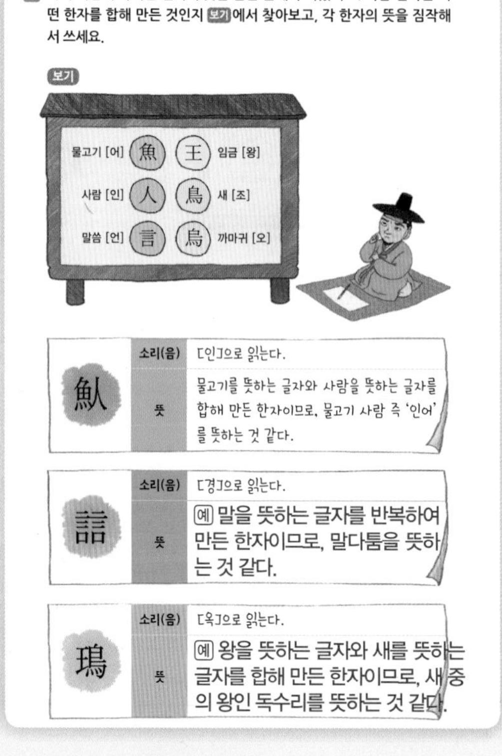

3 수수께끼를 보면 어떤 글자를 합해 만든 한자인지 짐작할 수 있습니다. 한자를 이룬 각각의 글자는 어떤 뜻이 있는지 기억하면서 한자의 짜임을 이해합니다.

4 한자를 이룬 각각의 글자가 가진 뜻을 생각하여 어떤 뜻을 가진 한자가 되는지 다양하게 유추해 봅니다.
- 魜: 인어 [인]
- 誩: 말다툼, 다투어 말하다 [경]
- 鳿: 독수리 [옥]

쉬어가기

39쪽

재미로 보는 심리 테스트

1. 힙합 음악

자신감이 넘치는 성격이군요! 재미있는 언어유희로 친구들에게 웃음을 선사하기도 하지요. 당당한 것도 좋지만 때로는 겸손한 자세도 필요하답니다.

2. 클래식 음악

클래식 음악을 즐겨 듣는 당신은 세심한 성격의 소유자! 웅장한 오케스트라의 아주 작은 소리도 느낄 줄 아는 만큼 꼼꼼하고 주의력이 깊은 사람입니다. 하지만 때로는 이런 세심한 성격 때문에 피로를 잘 느끼기도 한답니다.

3. 록 음악

자신만의 세계가 있는 사람이네요. 조용한 성격인 것처럼 보이지만, 자신이 좋아하는 분야라면 언제나 열정 가득히 즐길 줄 아는 반전 매력의 소유자!

4. 댄스 음악

쾌활한 성격을 가진 사람이군요! 언제나 밝고 신나는 당신의 주위에는 수많은 사람들이 몰리기도 합니다. 하지만 가끔씩은 혼자만의 시간을 가지는 것도 추천할게요.

65쪽

★ 스도쿠는 가로 세로 아홉 칸인 정사각형 모양의 빈칸에 1부터 9까지 아홉 개의 숫자를 채우는 수학 퍼즐이에요. 다음 세 가지 조건을 모두 만족시켜서 퍼즐을 완성해 볼까요?

조건
1. 어떤 가로줄에도 같은 숫자가 있으면 안 돼요.
2. 어떤 세로줄에도 같은 숫자가 있으면 안 돼요.
3. 아홉 칸짜리 작은 정사각형 안에 같은 숫자가 있으면 안 돼요.

1	5	6	7	3	8	2	9	4
3	2	4	9	1	5	8	6	7
8	7	9	6	2	4	5	1	3
4	8	7	5	9	1	3	2	6
2	9	3	8	6	7	1	4	5
6	1	5	3	4	2	9	7	8
9	3	2	4	8	6	7	5	1
5	6	8	1	7	9	4	3	2
7	4	1	2	5	3	6	8	9

91쪽

★ '해시태그'는 누리 소통망 서비스(SNS)에서 '#' 기호를 붙여서 그 글의 주제나 내용이 무엇인지 나타내는 역할을 합니다. 나를 가장 잘 나타낼 수 있는 간단한 해시태그를 생각해, 열 개를 쓰세요.

117쪽

★ 다음 난센스 퀴즈의 답을 써 보세요.

1. 세상에서 가장 큰 코는?

정답: 멕시코

2. 추장보다 높은 존재는?

정답: 고추장

3. 심장의 무게는?

정답: 두근

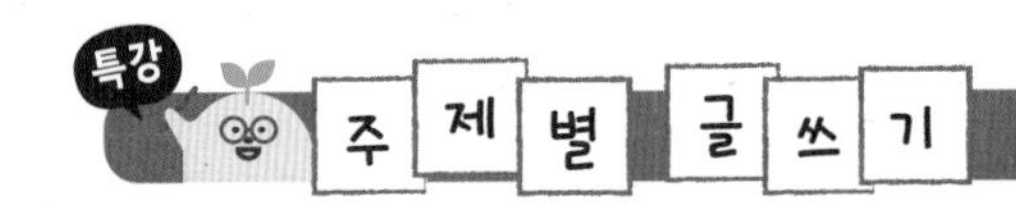

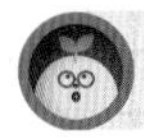

주제 ❶ 유기견 발생을 줄일 방법은 무엇일까?

120~125쪽

1 ① 예 농가의 가축이나 농작물을 해친다. ② 예 사람들을 위협하거나 공격하는 일이 생긴다. **2** 예 반려동물을 키우는 재미만 생각하고, 생명에 대한 책임감은 부족하기 때문이다. **3** 예 유기견이 도우미견 · 반려견으로 새로운 삶을 살 수 있도록 훈련을 시키고 새 가족을 만날 수 있도록 돕는 전문 기관이다. **4** ① 예 유기견을 위생적으로 관리한다. ② 예 유기견에게 생활에 필요한 기본 훈련을 교육시켜 입양 보낸다. **5** 예 입양 확정 유예 기간을 두어 개가 잘 적응하지 못하는 등 문제가 있는 경우 2주 이내에 센터로 다시 보내는 것이다. / 유기견 입양을 망설이는 가족에게 기회를 주고, 유기가 반복되는 것을 방지하기 위해서이다. **6** 예 유기견 발생을 줄일 방법에는 무엇이 있을지 의견을 나누고 있다. **7** 예 • 진우 / 반려동물 등록제를 철저히 지키자. / 유기도 방지되고, 사고나 실수로 잃어버린 경우에도 좀 더 쉽게 찾을 수 있다. / • 태영 / 생명에 대한 책임감을 갖고 키우자. / 여러 제도를 도입하는 것보다 가장 중요한 것은 동물을 대하는 마음가짐이다. / • 세윤 / 개를 사지 말고 보호 중인 유기견을 입양하자. / 유기된 개들이나 새 가족을 찾는 견주 모두에게 도움이 되는 일이다. **8** 예 반려동물을 키우는 가구에 동물 세금을 부과한다. 세금을 부과하면 책임감 없이 즉흥적으로 동물을 키우는 일이 줄어들 것이라고 생각하기 때문이다.

2 반려동물 유기가 발생하는 까닭은 주인의 실수로 잃어버리는 경우도 있지만, 그보다는 동물에 대한 이해와 사랑이 부족하고, 끝까지 함께하겠다는 책임감이 부족하기 때문에 생겨납니다.

4 도우미견 나눔 센터는 유기견을 위생적으로 관리하며 유기견의 질병 검사와 백신 접종을 해 주고, 유기견에게 생활에 필요한 훈련을 교육시켜 새 가족을 만나는 데 도움이 되게 합니다. 또 입양 후에는 질병이나 훈련 등 양육과 관련된 상담을 받을 수 있습니다.

126~127쪽

주제에 맞게 글 쓰기

1 처음 부분에 쓸 내용을 간단히 정리해 보세요.

예 실수 혹은 고의로 주인을 잃어 유기된 개들 중에는 무리를 지어 다니는 경우도 있고 야생에서 생활하면서 공격성이 강해져 사람들이나 다른 동물들에게 피해를 주는 일들이 많아졌다.

2 가운데 부분에 쓸 내용을 간단히 정리해 보세요.

예 유기견 발생을 줄이기 위해서 반려동물을 키우는 가구에 동물 세금을 내도록 해야 한다. 예뻐서, 귀여워서, 나도 한번 키워 볼까 하는 생명에 대한 책임감 없는 생각은 결국 생명 유기로 이어진다. 세금을 부과하면 가정으로 반려동물을 들일 때 끝까지 책임감을 가지고 키울 수 있을지 깊이 고민하고 결정할 것이기 때문이다.

3 끝부분에 쓸 내용을 간단히 정리해 보세요.

예 반려동물은 잠시 갖고 노는 장난감이 아니다. 우리와 죽는 날까지 함께할 가족이다. 내 동생, 내 형제라면 마음에 들지 않는다고, 병이 들었다고 버릴 수 있겠는가. 생명의 유기를 막기 위해서라도 강력한 규제가 필요하다.

4 **1**~**3**에서 정리한 내용을 바탕으로 하여 글을 쓰세요.

제목: 반려동물을 키우는 가구에 동물 세금을 부과하자

예 인적이 드문 곳이나 야산을 지나다 보면 홀로 떠돌아다니거나 떼를 지어 다니는 개들을 볼 수 있다. 이 개들은 대부분 실수로 혹은 고의로 버려진 개들이다. 살아남기 위해 난폭해지고 공격성이 강해진 개들은 농작물이나 가축, 마을 주민들까지 공격하여 공포의 대상이 되고 있다. 점점 늘어나는 유기견 발생을 줄일 방법은 무엇일까?

유기견 발생을 줄이기 위해서 반려동물을 키우는 가구에 동물 세금을 내도록 해야 한다고 생각한다. 예뻐서, 귀여워서, 나도 한번 키워 볼까 하는 생명에 대한 책임감 없는 생각은 결국 생명 유기로 이어진다. 세금을 부과하면 가정으로 반려동물을 들일 때 끝까지 책임감을 가지고 키울 수 있을지 깊이 고민하고 결정할 것이기 때문이다.

또한 이렇게 모인 세금을 반려동물을 키우는 가구에 지원해 주면 효과적일 것이다. 반려동물 질병 검사나 예방 접종 등 더불어 살아가는 데 드는 비용 등을 개인이 모두 부담하는 것이 아니라 나라에서 지원해 준다면 반려동물을 키우는 가구에 부담도 덜어 주어 서로에게 좋을 것이라고 생각한다.

반려동물은 잠시 갖고 노는 장난감이 아니다. 우리와 죽는 날까지 함께할 가족이다. 내 동생, 내 형제라면 마음에 들지 않는다고, 병이 들었다고 버릴 수 있겠는가. 생명의 유기를 막기 위해서라도 강력한 규제가 필요하다.

주제 ❷ '선의의 거짓말'은 해도 될까?

128~133쪽

1 예 가짜 약 혹은 꾸며 낸 치료법을 환자에게 권했을 때, 환자의 긍정적인 믿음으로 병세가 나아지고 치료에 효과를 내는 것이다. **2** 예 사이버 공간에서 만난 사람들의 기분을 상하게 하고 싶지 않기 때문이다. / 배려가 기본 바탕이 되어 사회적인 유대감을 만들고 사회가 발전하는 데 기여할 수 있다. **3** 예 음주 운전 사고를 낸 친구를 도와주려고 자신이 죄를 지었다고 선의의 거짓말을 한 경우에도 무거운 처벌을 받는다. **4** 예 선의의 거짓말이라고 하지만 거짓말로 경찰의 업무를 방해했고, 진실을 말하는 사람이 오히려 거짓말을 한다고 오해를 받을 수 있기 때문이다. **5** 예 동정심이 많은 사람일수록 선의의 거짓말을 많이 한다. **6** 예 선의의 거짓말도 상대방을 속이는 행동이 될 수 있고, 의도한 것은 아니지만 원래보다 더 나쁜 결과가 생길 수 있기 때문이다. **7** 예 '선의의 거짓말'은 해도 되는지에 대해 의견을 나누고 있다. **8** 예 • 진우 / 선의의 거짓말도 하면 안 된다. / 선의의 거짓말도 거짓말 중 하나로, 다른 사람을 속이는 행동이기 때문이다. / • 태영 / 선의의 거짓말은 해도 된다고 생각한다. / 선의의 거짓말에는 다른 사람을 행복하게 하고 도움을 주려는 선한 의도가 담겨 있다. / • 세윤 / 선의의 거짓말도 하면 안 된다. / 좋은 의도였다고 하더라도 나쁜 결과를 불러올 수 있고 그 결과로 상대방이 불행해질 수 있기 때문이다. **9** 예 선의의 거짓말도 하면 안 된다고 생각한다. 선의의 거짓말을 순수하게 선한 의도로 했다고 구별하기 어렵기 때문이다.

3 기사에서는 선의의 거짓말을 한 경우라도 거짓말을 해서 체포를 방해하거나 범인이 빠져나가도록 도와줄 경우 무거운 처벌을 받을 수 있다는 것을 알려 주고 있습니다.

6 특히 건강이나 외모와 관련해서 한 선의의 거짓말은 이 거짓말을 진실이라고 믿게 되어 건강이 나빠질 수도 있고, 의도와 다르게 더 나쁜 상황이 발생할 수도 있습니다.

134~135쪽

주제에 맞게 글 쓰기

1 처음 부분에 쓸 내용을 간단히 정리해 보세요.

예 플라시보 효과를 이용해 치료할 때나 "보기 좋으세요.", "그 옷 잘 어울려요."처럼 다른 사람의 기분을 행복하게 만들어 좋은 관계를 유지하고자 할 때 선의의 거짓말을 한다.

2 가운데 부분에 쓸 내용을 간단히 정리해 보세요.

예 나는 선의의 거짓말도 하면 안 된다고 생각한다. 왜냐하면 선의의 거짓말이 다른 거짓말과 달리 순수하게 선한 의도로 했다고 구별하기 어렵고, 선한 의도로 한 거짓말이 내 의도와 달리 나쁜 결과를 만들기도 하기 때문이다.

3 끝부분에 쓸 내용을 간단히 정리해 보세요.

예 거짓말은 결국 누군가를 속이는 일이다. 솔직하지만 상대방을 배려하는 따뜻하고 진심이 담긴 말 한 마디가 서로에게 훨씬 더 좋은 영향을 끼칠 것이다.

4 **1**~**3**에서 정리한 내용을 바탕으로 하여 글을 쓰세요.

제목: 선의의 거짓말보다 진심이 담긴 말 한 마디가 필요

예 '선의의 거짓말'은 선한 의도로 하는 거짓말이다. 플라시보 효과를 이용해 치료할 때나 "보기 좋으세요.", "그 옷 잘 어울려요."처럼 가족이나 친구 등 다른 사람을 행복하게 만들어 좋은 관계를 유지하기 위해 할 때가 많다. 그렇다면 상대방을 위한 것이라면 선의의 거짓말은 해도 괜찮은 것일까?

나는 선의의 거짓말도 하면 안 된다고 생각한다. 왜냐하면 선의의 거짓말이 다른 거짓말과 달리 순수하게 선한 의도로 했다고 구별하기 어렵고, 선한 의도로 한 거짓말이 내 의도와 달리 나쁜 결과를 만들기도 하기 때문이다. 시한부 환자에게 희망을 주기 위해 건강해질 거라고, 나을 거라고 거짓말을 하는 경우가 있다. 이런 경우 선한 의도로 한 거짓말이지만 환자 입장에서는 스스로 죽음을 준비하고, 가족과 이별의 시간을 가질 수 있는 환자의 권리를 빼앗은 셈이다. 환자에게는 되돌릴 수 없는 후회의 순간이 될 수도 있을 것이다.

거짓말은 결국 누군가를 속이는 일이다. 진실은 반드시 드러날 수밖에 없고 진실을 알게 되는 순간 상대방은 충격을 받거나 배신감을 느끼게 된다. 솔직하지만 상대방을 배려하는 따뜻하고 진심이 담긴 말 한 마디가 서로에게 훨씬 더 좋은 영향을 끼칠 것이다.

독서노트

내가 읽은 책은?

읽은 날짜 월 일

책 제목	욕심꾸러기 거인
글쓴이	오스카 와일드

1 이 글을 읽고 기억에 남는 장면과 그 까닭을 쓰세요.

✔ 기억에 남는 장면

예 아이들이 정원에서 놀자 정원에 봄이 다시 찾아오는 장면

✔ 그 까닭

예 계속 겨울이었던 정원에 아이들이 찾아오자 새싹이 돋고 봄으로 바뀌는 모습이 아름답고 따뜻하게 느껴졌기 때문이다.

2 이 글을 읽고 어떤 생각이나 느낌이 들었는지 쓰세요.

예 함께 나누며 생활하면 나 혼자 독차지할 때보다 더 행복하고, 더 기쁘고, 더 활기차게 살 수 있다는 생각이 들었다. 그리고 내 욕심과 내 행복만 생각했던 경험들이 떠올라 반성하게 되었다.

※ 가이드북 16쪽에 있는 예시 답안을 확인하세요.

내가 읽은 책은?

읽은 날짜 월 일

책 제목	구둣방 아저씨/투덜이 아저씨
글쓴이	

1 이 글을 읽고 기억에 남는 장면과 그 까닭을 쓰세요.

✔ 기억에 남는 장면

예 구둣방 아저씨가 보따리를 지고 몰래 마을을 떠나는 장면

✔ 그 까닭

예 묵묵히 자기 일을 열심히 하며 살았는데, 죄를 지은 사람처럼 몰래 마을을 떠나는 모습이 너무 안타까웠기 때문이다.

2 이 글을 읽고 어떤 생각이나 느낌이 들었는지 쓰세요.

예 묵묵히 제 몫을 하는 모든 것들에 항상 감사한 마음을 가져야 한다는 생각이 들었고, 감사한 마음을 갖는 것이 결국 나를 행복하게 하는 일이라는 것을 깨달았다.

※ 가이드북 16쪽에 있는 예시 답안을 확인하세요.

내가 읽은 책은?

읽은 날짜 월 일

책 제목	행복의 꽃
글쓴이	알퐁스 도데

1 이 글을 읽고 기억에 남는 장면과 그 까닭을 쓰세요.

✔ 기억에 남는 장면

예 푸른 꽃이 엄마의 영혼이라고 말하는 장면

✔ 그 까닭

예 꽃이 되어서 아들을 지켜 준 엄마의 사랑에 가슴 뭉클했고, 이제 엄마와 진짜 이별한다는 생각에 너무 슬펐기 때문이다.

2 이 글을 읽고 어떤 생각이나 느낌이 들었는지 쓰세요.

예 아들의 행복을 위해 꽃이 되어서라도 마지막까지 함께한 어머니의 사랑이 정말 위대하게 느껴졌다.

※ 가이드북 16쪽에 있는 예시 답안을 확인하세요.

내가 읽은 책은?

읽은 날짜 월 일

책 제목	세상에 이런 한자가
글쓴이	

1 이 글을 읽고 새로 알게 된 내용과 그 내용에 대한 생각이나 느낌을 쓰세요.

✔ 새로 알게 된 내용

예 각각의 글자를 합하면 그 뜻과 연관된 새로운 한자가 만들어진다는 것을 알았다.

✔ 생각이나 느낌

예 한자는 글자와 음, 뜻을 모두 익혀야 해서 배우기 어렵고, 쓰기도 어렵다고 생각했는데 짜임을 살펴보면 쉽고 재미있게 배울 수도 있겠다는 생각이 들었다.

2 이 글을 읽고 더 알고 싶은 내용은 무엇인지 쓰세요.

예 내가 아는 한자들은 어떤 짜임으로 만들어진 것인지, 또는 어떤 모양을 본떠 만든 글자인지 알고 싶다.

※ 가이드북 16쪽에 있는 예시 답안을 확인하세요.

기적의 학습서

오늘도 한 뼘 자랐습니다

길벗스쿨